精品课程新形态教材
21世纪应用型人才培养教材
创新型人才培养精品教材

大学生安全教育

DAXUESHENG ANQUAN JIAOYU

主编◎冯森洋　胡　斌

哈爾濱工業大學出版社
HARBIN INSTITUTE OF TECHNOLOGY PRESS

内容简介

本书结合高校人才培养目标及要求，遵循大学生身心发展的规律及特点，结合安全教育教学和安全管理实践，按照实用、够用、科学、简单、通俗、易懂的原则进行编写。在编写上，注重理论与实践相结合，体例清晰，内容丰富，实用性和针对性强，旨在更好地提高大学生的安全意识、法纪意识，增强大学生抵御非法侵害的能力。本书共十一章，包括国家安全、人身安全、财产安全、交通安全、消防安全、网络安全、自然安全、社会实践与就业安全、传染病与身体健康、心理健康与人际交往、禁毒等内容。

本书既可作为高校学生安全教育教材、有关业务培训的辅助教材，也可作为广大青年朋友、教育工作者学习的参考用书。

图书在版编目（CIP）数据

大学生安全教育 / 冯森洋，胡斌主编 .—哈尔滨：哈尔滨工业大学出版社，2023.9（2024.8 重印）
ISBN 978-7-5767-1056-4

Ⅰ.①大… Ⅱ.①冯… ②胡… Ⅲ.①大学生-安全教育 Ⅳ.①G645.5

中国国家版本馆 CIP 数据核字（2023）第 177095 号

策划编辑 杨秀华
责任编辑 赵凤娟
封面设计 唐韵设计
出版发行 哈尔滨工业大学出版社
社　　址 哈尔滨市南岗区复华四道街 10 号　　邮　　编 150006
传　　真 0451-86414749
网　　址 http://hitpress.hit.edu.cn
印　　刷 涿州汇美亿浓印刷有限公司
开　　本 787mm×1092mm　1/16　印张 10　字数 250 千字
版　　次 2023 年 9 月第 1 版　2024 年 8 月第 2 次印刷
书　　号 ISBN 978-7-5767-1056-4
定　　价 38.90 元

Foreword 前言

安全是一个永恒的话题，学习安全知识是一个贯穿终身的过程。而高校的安全稳定，是大学生学习、生活、成长和发展的基本条件。高校的安全工作事关学生生命安全，关系到学生健康成长和人才培养质量，关系到千千万万个家庭的幸福，关系到党和政府在人民群众中的威望和形象。随着我国国际化进程加快和社会经济快速发展，国家和社会的安全稳定日显重要。但是信息技术和新媒体的迅猛发展给大学生的学习、生活和工作带来许多便利，也带来许多新的安全隐患和问题，这些都对传统的大学生安全教育提出了新的要求。切实加强大学生的安全教育，是保持高校良性运行与社会和谐稳定的需要；是保证大学生全面发展和健康成长的需要；也是坚持立德树人的根本任务，贯彻以人为本、全面发展的教育方针和依法治校、依法治教的需要。

党的二十大报告强调："全面贯彻党的教育方针，落实立德树人根本任务，培养德智体美劳全面发展的社会主义建设者和接班人。"本书结合高校人才培养目标及要求，遵循大学生身心发展的规律及特点，结合安全教育教学和安全管理实践，按照实用、够用、科学、简单、通俗、易懂的原则进行编写。在编写上，注重理论与实践相结合，体例清晰，内容丰富，实用性和针对性强，旨在更好地提高大学生的安全意识、法纪意识，增强大学生抵御非法侵害的能力，促使大学生从现实案例中汲取教训、悟出道理、得到警示、掌握技能，促进大学生的全面发展和健康成长，使大学生以积极、健康、有效的方式处理生活中遇到的各种安全问题，关爱生命，珍惜大学时代的美好时光，努力学习，立志成才。

本书在编写过程中参考、引用了有关专家、学者的著作和文献，在此一并表示诚挚的感谢！本书集理论性、知识性和实用性为一体，通俗易懂，既可作为高校学生安全教育教材、有关业务培训的辅助教材，也可作为广大青年朋友、教育工作者学习的参考用书。

由于编者水平有限，书中疏漏之处在所难免，敬请各位专家及广大读者提出宝贵意见、批评指正。此外，编者还为广大一线教师提供了服务于本教材的教学资源库，有需要者可致电 13810085723 或发邮件至 3004881318@ qq. com。

编　者

Contents 目录

第一章
国家安全

第一节　总体国家安全观与国家安全教育

备豫不虞，为国常道。

——唐·吴兢《贞观政要》

一、总体国家安全观的基本内容

“于安思危，危则虑安”，忧患意识是中华民族自古以来的精神传统，体现的是历史使命感和社会责任感。习近平总书记在党的十九大报告中指出：“国家安全是安邦定国的重要基石，维护国家安全是全国各族人民根本利益所在。”当前我国国家安全的内涵和外延比历史上任何时候都要丰富，时空领域比历史上任何时候都要宽广，内外因素比历史上任何时候都要复杂，必须坚持总体国家安全观，以人民安全为宗旨，以政治安全为根本，以经济安全为基础，以军事、文化、社会安全为保障，以促进国际安全为依托，走出一条中国特色国家安全道路。越是取得成绩的时候，越是要有如履薄冰的谨慎，越是要有居安思危的忧患意识。

《中华人民共和国国家安全法》指出，国家安全是指国家政权、主权、统一和领土完整、人民福祉、经济社会可持续发展和国家其他重大利益相对处于没有危险和不受内外威胁的状态，以及保障持续安全状态的能力。

国家安全是国家的根本所在。国家利益高于一切，维护国家的利益和安全，是每个公民的神圣义务，任何情况下不得做有损国家安全的事情，并自觉与一切损害国家安全的行为做斗争。《中华人民共和国宪法》（以下简称《宪法》）第五十四条明确规定：“中华人民共和国公民有维护祖国的安全、荣誉和利益的义务，不得有危害祖国的安全、荣誉和利益的行为。”

维护国家安全是每个公民义不容辞的责任。境外一些间谍情报机关和各种敌对势力把我国作为他们进行颠覆、渗透和破坏行动的主要目标，从没有停止过危害我国安全的活动。他们一方面打着“人权”“民主”等各种各样的旗号，继续对我国进行政治思想渗透；另一方面正在并将继续利用我国扩大对外开放的时机，以公开的、合法的身份，通过各种渠道和途径，广泛收集、窃取、刺探我国经济、科技等情报，从事危害我国国家安全和利益的活动。与此同时，国内极少数敌视社会主义的分子，也极力寻求境外一些间谍情报机关和其他敌对势力的支持，与其相互勾结，进行破坏和捣乱。

二、危害国家安全的行为

任何危害国家安全或是企图破坏我国政治的行为都属于犯罪，每个公民不仅要自觉抵制这样的行为，还要在发现这些行为后及时进行举报。那么危害国家安全的行为有哪些呢？

（1）阴谋颠覆政府、分裂国家、推翻社会主义制度的行为。

（2）参加境外各种间谍组织，或者接受间谍组织或代理人的任务的行为。无论行为人是否接受了间谍组织的任务，是否进行了窃取、刺探、收买、非法提供情报或其他破坏活动，只要参加了间谍组织，即构成了间谍犯罪。未参加间谍组织，却接受了间谍组织或其代理人的任务，不管其任务实现与否，不影响间谍犯罪的成立。

（3）窃取、刺探、收买、非法提供国家秘密的行为。一般指在未参加间谍组织，也没接受其代理人任务的情况下，主动为间谍机构窃取、刺探、收买、提供情报。不管情报是否到了间谍手中，都不影响间谍犯罪的成立，都属于危害国家安全的行为。

（4）策动、勾引、收买国家工作人员叛变或者将防地设施、武器装备交付他国或敌方的行为。

（5）进行危害国家安全的其他破坏活动的行为。①组织、策划或者实施危害国家安全的恐怖活动的；②捏造、歪曲事实，发表、散布文字或议论，或者制作、传播音像制品，危害国家安全的；③利用设立社会团体或者企业、事业组织，进行危害国家安全活动的；④利用宗教进行危害国家安全活动的；⑤制造民族纠纷，煽动民族分裂，危害国家安全的；⑥境外个人违反有关规定，不听劝阻，擅自会见境内有危害国家安全行为或者有危害国家安全行为重大嫌疑的人员的。

三、对大学生进行国家安全教育的必要性

（1）我国面临的环境复杂多变，境内外敌对势力利用各种渠道，以公开或秘密的方式，传播西方的政治 、经济 、文化和所谓的信仰自由。随着改革开放的不断深入，少数学生由于受西方的价值观念 、腐朽生活方式的影响，经不起金钱和物资的诱惑，见利忘义、铤而走险、以身试法。因此有必要对大学生进行国家安全教育。

（2）国家安全关系到国家存亡 、民族兴衰。没有国家安全，就没有和平稳定的建设环境。大学生是社会主义现代化的建设者和接班人，是国家的未来和希望，也是西方敌对势力推行“和平演变”战略的重点对象，其国家安全意识如何，直接关系到国家的长治久安。

四、大学生树立总体国家安全观的基本要求

4 月 15 日是国家安全日。国家安全是安邦定国的重要基石，维护国家安全是全国各族人民根本利益所在，每个大学生都应当有忧患意识，了解国家安全的重要性，理解国家安全观的必要性，加强对总体国家安全观的认识。

国安才能国治，治国必先治安。保证国家安全，是完善和发展中国特色社会主义制度，

推进国家治理体系和治理能力现代化的有机组成部分。国家安全，必须在国家治理的大背景下来思考和筹划，必须以安全治理作为基本路径来维护和保障。

坚持总体国家安全观，体现在治理实践上，就是推进国家安全总体治理；走出一条中国特色国家安全道路，就是安全各领域、各要素、各层面统筹治理，创建当代中国国家安全治理系统格局。

习近平总书记在《习近平新时代中国特色社会主义思想基本问题》中指出："增强忧患意识，做到居安思危，是我们治党治国必须始终坚持的一个重大原则。我党要巩固执政地位，要团结带领人民坚持和发展中国特色社会主义，保证国家安全是头等大事。"

国家安全就是一个国家处于没有危险的客观状态，也就是国家既没有外部的威胁和侵害，也没有内部的混乱和疾患的客观状态。广义的国家安全包括国防、外交、政治、经济、文化、社会、隐蔽战线等方面，狭义的国家安全仅指隐蔽战线安全。

当代大学生是社会的希望、国家的栋梁、祖国建设的主力军，这一群体素质的高低将直接影响整个国家国民素质水平的高低。21世纪是知识经济时代，是综合国力竞争的时代，更是人才素质竞争的时代。那么新形势下的大学生应具备哪些素质呢？1999年6月中共中央、国务院印发的《关于深化教育改革全面推进素质教育的决定》指出："实施素质教育，就是全面贯彻党的教育方针，以提高国民素质为根本宗旨，以培养学生的创新精神和实践能力为重点，造就'有理想、有道德、有文化、有纪律'的、德智体美等全面发展的社会主义事业建设者和接班人。"大学生素质教育应包括以下几方面内容。

（一）政治思想素质

大学生素质教育总体来说是树立马克思主义的世界观、正确的政治观、科学的人生价值观和社会主义道德观，努力使自己成为社会主义现代化需要的建设者和接班人。其具体要求是：①拥护党的路线、方针、政策，坚持四项基本原则，具有共产主义理想信念，在重大政治、原则问题上能够坚持正确的立场，始终站在人民的一边。②树立正确的世界观、价值观、人生观。有自己的理想和奋斗目标，具有顽强的意志和坚定的信念，能够不为世俗所蒙蔽，不因艰难困苦而退缩妥协。③建立现代民主意识和法制观念。民主与法制是两个相辅相成、互相联系的概念，彼此统一于社会主义国家体系中。民主是法制的出发点和归宿点，而法制是实现民主的政治保障。当代大学生应该自主增强民主意识，自觉遵守社会主义法制法规，做一名合格的中国公民。④培养良好的伦理道德和职业道德。孝敬父母、尊老爱幼、助人为乐……这些都是中华民族的传统美德，在新的历史条件下，不仅要继续发扬，更要付诸实际行动。作为即将走人社会接受考验的大学生，良好的职业道德越来越成为检验一个大学生素质的试金石，成为其立足社会的关键点。

（二）基本品德素质

品德即道德品质，又称品性、德行。它是一个人依据一定的社会道德原则来规范行动时所表现出来的某些稳定的心理特征和倾向。大学生的基本品德素质要求是：①良好的言谈举止和文明礼貌。这是知识分子的修养和风度，是人际交往的前提，也是人与人、个人与社会之间得以和谐发展的基本要求。②尊重他人、关心他人、富有同情心。待人处事要有风度、风格、风貌，要严以律己、宽以待人，能团结人，能与他人和睦相处。③遵守社会公德和学生道德。社会公德是一个社会中为全体成员所公认的、大家共同遵守的道德规范，主要内容是：爱祖国、爱人民、爱劳动、爱科学、爱护公共财物。而大学生的学生道德主要内容是：有理想、有文化、有道德、有纪律。它直接关系到其走上各种职业岗位后的职业道德面貌，关系到能否赢得他人和社会尊重。

（三）文化素质

首先，要有扎实的专业知识和合理的知识结构。大学生既是高级专业人才的预备队员，又是未来科学文化知识的传人和科学专业发展的开拓者。因此，要在所学知识方面有较高的造诣，就必须精通专业知识及专业技能。其次，要加强广博的人文知识和良好的人文修养教育。人文教育，是以人类文明的一切成果教育年轻一代，使他们的灵魂得以净化，情感得以陶冶，品格得以完善，心智得以充实，培养健全的人格，使身心得到和谐发展。大学生应该广泛涉猎音乐、美术、历史、数学、哲学和语言文学，了解经济学、边缘交叉学科和自然辩证法，从而形成专而深、宽口径、活性大的综合性文化素养。最后，要培养主动获取和运用知识信息的能力、审美能力、独立思考能力和创新能力。创新是一个民族的灵魂，当代大学生应积极地吸取知识、理解知识、消化知识，从而创造出新知识，使自身的潜能得以充分发掘和展现。

（四）身心素质

大学生应培养自己良好的心理和身体素质，保持身心健康。心理健康是一种内部心理和外部行为的和谐、协调，并适应社会准则和职业要求的良性状态。主要包括活泼外向、开朗大方、热忱和蔼、幽默诙谐、平易近人的个性，真诚善良、诚实守信、坚韧不拔的坚定意志，情绪稳定、心态乐观、热爱生活、蓬勃向上的精神面貌，良好的承受挫折和痛苦的能力、自我心理调节能力、人际沟通能力、合作共事能力、环境适应能力。而良好的身体素质则主要指强健的体魄，较强的耐力、反应能力和环境适应能力，掌握体育运动、卫生保障基本知识，养成经常锻炼身体和讲究个人卫生的良好习惯，培养健康而丰富多样的个人爱好。

（五）劳动素质

马克思说："劳动创造美。"通过劳动，人们的身心得到舒展，体质得到增强，能力得到锻炼，能够创造出更多更美的符合人类需求的物质产品和精神财富。劳动素质目标主要有：树立正确的劳动观念和劳动态度；具有从事自我服务、社会公益、工农业生产等方面劳动的基本知识和初步经验；掌握专业劳动技能，并了解社会化大生产的有关知识和技能；通过生产实习和社会实践，增强劳动纪律，培养创造能力。

（六）基本能力素质

大学生要具有一定的开拓创新能力、较强的分析问题和解决问题的能力；具有一定的社会交往能力，善于为人处世；具有较强的文字写作和口头表达能力。

另外，还有一点相当重要，当代大学生应该更多地投入实践学习中，在实践中提高自己的处事能力，在与同学、教师的互动学习和共同探索的过程中提高协作能力。甚至可以挖掘出更高层次的素质——领导能力和决策能力，这是未来高素质人才所必需的重要能力。

第二节 保 密

《中华人民共和国保守国家秘密法》（以下简称《保密法》）规定，“国家秘密”既包括军事领域也包括非军事领域。非军事领域的秘密一般是指有关国土资源、重大经济政策、重大行政决定等内容，而我们最熟悉的“民用”秘密可能就是高考试卷了（研究生考试、公务员考试等试卷也属“国家秘密”）。国家秘密的等级分为绝密、机密、秘密三级，并原则上规定了区分三个等级的标准：绝密级国家秘密是最重要的国家秘密，泄露会使国家安全和利益遭受特别严重的损害；机密级国家秘密是重要的国家秘密，泄露会使国家安全和利益遭受严重的损害；秘密级国家秘密是一般的国家秘密，泄露会使国家安全和利益遭受损害。国家秘密的保密期限，除另有规定外，绝密级不超过 30 年，机密级不超过 20 年，秘密级不超过 10 年。此外，任何组织和个人不得有如下行为：将涉密计算机、涉密存储设备接入互联网及其他公共信息网络；在未采取防护措施的情况下，在涉密信息系统与互联网及其他公共信息网络之间进行信息交换；使用非涉密计算机、非涉密存储设备存储、处理国家秘密信息；擅自卸载、修改涉密信息系统的安全技术程序、管理程序；将未经安全技术处理的退出使用的涉密计算机、涉密存储设备赠送、出售、丢弃或者改作其他用途。泄露国家秘密，应依法给予处分；构成犯罪的，依法追究刑事责任。

一、国家秘密包括下述秘密事项

（1）国家事务重大决策中的秘密事项。

（2）国防建设和武装力量活动中的秘密事项。

（3）外交和外事活动中的秘密事项及对外承担保密义务的秘密事项。

（4）国民经济和社会发展中的秘密事项。

（5）科学技术中的秘密事项。

（6）维护国家安全活动和追查刑事犯罪中的秘密事项。

（7）经国家保密行政管理部门确定的其他秘密事项。

二、大学生应当自觉保守国家秘密

（一）保守国家秘密是每个公民的义务

我国法律法规对组织和公民保守国家秘密的义务和法律责任做了具体的规定，主要有：

（1）《宪法》第五十三条规定：中华人民共和国公民必须遵守宪法和法律，保守国家秘密。

（2）《保密法》第三条规定：一切国家机关、武装力量、政党、社会团体、企业事业单位和公民都有保守国家秘密的义务。任何危害国家秘密安全的行为，都必须受到法律追究。第四十条规定：国家工作人员或者其他公民发现秘密已经泄露或者可能泄露时，应当立即采取补救措施并及时报告有关机关、单位。机关、单位接到报告后，应当立即作出处理，并及时向保密行政管理部门报告。

（二）大学生怎样保守国家秘密

造成国家秘密泄露有主观和客观因素，但只要从思想上高度重视，在行动中小心谨慎，泄密事件是可以避免的。对于大学生而言，要自觉做到：认真学习《保密法》及相关的保密法律法规，学习本单位保密工作规定，严格按照保密法律法规、规章制度使用、管理和交换保密文件、资料，只有经过长时间的实际工作的锻炼，才能养成保密习惯。

2015 年 11 月，全国国家安全机关向社会发出通告，国家安全机关受理公民和组织举报电话 12339 正式开通，以方便公民和组织向国家安全机关举报间谍行为或线索。国家安全机关对举报的情况和线索，经查证属实的，根据其重要程度给予举报人奖励，并为举报人严格保密，提供必要的保护措施。

第三节 极端势力渗透

随着信息技术的迅猛发展、网络触角的广泛延伸、外来文化的大量涌入，以及高校大学生与外界接触渠道的不断增多和敌对势力对我国西化、分化手段的不断翻新，高校预防政治性问题及案件工作出现了许多新的特点和规律。在我国对外开放不断扩大，市场经济深入发展，思想政治领域渗透与反渗透、争夺与反争夺的斗争日趋激烈的严峻形势下，大学生维护国家安全、预防政治性问题及案件显得尤为重要。

政治纪律是各级党组织和全体党员在政治方向、政治立场、政治言论、政治行为方面必须遵守的规矩，是维护党的团结统一的根本保证。严明党的纪律，首要的就是严明政治纪律。党的纪律是多方面的，但政治纪律是最重要、最根本、最关键的纪律，遵守党的政治纪律是遵守党的全部纪律的重要基础。

坚决做到“两个维护”，坚决维护习近平总书记党中央的核心、全党的核心地位，坚决维护党中央权威和集中统一领导。

严明政治纪律，要坚持“五个必须”，必须维护党中央权威，决不允许背离党中央要求另搞一套；必须维护党的团结，决不允许在党内培植个人势力；必须遵循组织程序，决不允许擅作主张、我行我素；必须服从组织决定，决不允许搞非组织活动；必须管好领导干部亲属和身边工作人员，决不允许他们擅权干政、谋取私利。

严明政治纪律，要坚决防止“七个有之”，即习近平总书记在中共十八届四中全会第二次全体会议上讲话中指出的：“一些人无视党的政治纪律和政治规矩，为了自己的所谓仕途，为了自己的所谓影响力，搞任人唯亲、排斥异己的有之，搞团团伙伙、拉帮结派的有之，搞匿名诬告、制造谣言的有之，搞收买人心、拉动选票的有之，搞封官许愿、弹冠相庆的有之，搞自行其是、阳奉阴违的有之，搞尾大不掉、妄议中央的也有之，如此等等”。

一、国家安全及间谍行为

（一）国家安全的基本内容

国家安全包括 12 个方面的基本内容，即政治安全、经济安全、海外利益安全、国土安全、科技安全、文化安全、资源安全、社会安全、生态安全、军事安全、网络安全、核安全。

（二）间谍行为的主要内容

《中华人民共和国反间谍法》（以下简称《反间谍法》）第三十八条规定，间谍行为是指下列行为：①间谍组织及其代理人实施或者指使、资助他人实施，或者境内外机构、组织、个人与其相勾结实施的危害中华人民共和国国家安全的活动；②参加间谍组织或者接受间谍组织及其代理人的任务的；③间谍组织及其代理人以外的其他境外机构、组织、个人实施或者指使、资助他人实施，或者境内机构、组织、个人与其相勾结实施的窃取、刺探、收买或者非法提供国家秘密或者情报，或者策动、引诱、收买国家工作人员叛变的活动；④为敌人指示攻击目标的；⑤进行其他间谍活动的。

二、敌对势力渗透破坏的主要方式

2015 年底，日本共同社在官方新闻中公开披露了中国航空母舰建造细节高清图。或许在普通民众看来，这样一张图片并没有什么明显特点，但是在专业的军事专家眼中，仅仅是一张图，他们便能解读出诸多重要信息。当日本共同社发布我国航空母舰建造细节高清图时，位于某造船厂的航空母舰建造船坞四周依旧处于 24 小时戒严状态。日本人是如何拍摄到我国航空母舰建造进度的？直到今天这依旧是一个难以解答的谜团。这一事件再次警示我们：没有硝烟的战争始终存在，神秘的电波也从未消逝。这些年，我国在经济及国防军事等方面有了长足发展，但一些国家对我国的间谍活动一直没有停止过，境内外敌对势力和敌对分子对我国渗透破坏可利用的方式更多、范围更大、手段更加隐蔽。

（一）采用心战、策反的方式

心战是指敌对势力、敌对分子对我国进行的造谣诬蔑、挑拨离间、扰乱人心等具有煽动性的反动宣传。策反是指敌对势力、敌对分子从我国内部物色对象，策动其加入间谍组织，在我国内部建立“内线”，进行各种窃密和破坏活动。

（1）借助网络优势，传播不良信息，毒害人们的心灵。近年来，西方敌对势力利用现代传媒优势，向我国传播大量有害的政治信息和恐怖暴力等不良文化，使人们在文化消费和娱乐中潜移默化地接受资产阶级腐朽文化和生活方式，这种“电脑海洛因”极易毒害青年大学生。

（2）通过“电子邮件”和“网络聊天”，对我方人员实施勾连策反。随着网络信息技术的迅猛发展和移动互联网终端的快速普及，中国网民数量已跃升世界第一位。境外间谍情报机关正是利用这一点，将网络变成对中国实施勾连、渗透、策反和窃密的重要渠道和场所。从广东省国家安全机关组织实施的“南粤行动”侦破案件看，被境外间谍情报机关通过网络勾连、渗透、策反的涉世未深的年轻人居多，甚至不乏在校大学生。境外间谍情报机关人员伪装成军事爱好者、招聘猎头等，广泛活跃于各类网站，以提供丰厚报酬的“兼职”“约稿”为诱惑，一步步将网民发展成为“情报员”。

（3）进行心理战，动摇我方人员的政治信念。国外及境外敌对势力和敌对分子往往趁旅游观光、探亲访友之机，派遣间谍或通过其他人员，面对面地对我内部人员进行心战、勾连策反活动。

（二）采用腐蚀拉拢的方式

近年来，敌对势力和敌对分子把秘密的间谍活动与公开的颠覆、渗透活动结合起来，采取“打进来、拉出去”的方法，有组织、有计划地拉拢腐蚀我们内部一些意志薄弱人员。

1. 金钱收买

金钱收买和物质引诱是西方敌对势力腐蚀拉拢我们内部人员的惯用伎俩，从近年来破获的危害国家安全犯罪案件来看，许多人是因受到国外或境外间谍组织或间谍人员及其代理人的金钱利诱而走向犯罪的。

2. 资助出国，套取情报

西方敌对势力利用20世纪90年代初期出现的“出国热”，抓住一些人挖空心思想出国、想留学的心理，以帮助办理出国手续、充当经济担保人为名，培植“亲信”套取情报。

（三）采用隐蔽掩护的方式

以公开身份掩护秘密活动，以合法手段掩护非法行为，是西方敌对势力对我们进行渗透、策反的主要特点。

（1）披着外交官、记者、学者的外衣，窃取重要情报。西方敌对势力利用外交人员具有外交豁免的特殊身份和驻华新闻记者“以采访信息为业”的特点，采取公开与秘密相结合的手段，迷惑人们的视线，进行情报活动。

（2）打着投资经商、洽谈业务的幌子，窃取重要情报。西方敌对势力利用商人来我国投资经商、洽谈业务的机会，赋予某些商社搜集我国情报的任务，或派间谍混在商人、企业家中来华活动。军事专家曾披露，在一些军用机场、军事基地的周边，常常一夜之间冒出一些饭店、宾馆或游乐场所，那些原本靠营利为生的企业，虽没有多少买卖，却照样坚持经营，自然是“醉翁之意不在酒”。

（3）借旅游观光之机，窃取重要情报。我国旅游业的发展，国外、境外游客的大量增加，也为西方敌对势力开辟了渗透、策反我内部人员渠道的机会。他们往往以交朋友为名，通过送钱、送物博得好感，然后以金钱、物质等引诱我内部人员加入间谍组织，为其长期提供情报。

第二章 人身安全

第一节 生活中的人身伤害

人身安全是每个人生存的最基本也是最重要的条件，是大学生赖以生存和完成学业的首要条件。大学生活是每名学生求学历程中最绚丽多彩的一页，在如此美好的时光里，如果不创造良好的条件去品味这短暂的美丽，那么肯定会为自己的人生留下些许遗憾。而在这所谓的条件中，最基本的就是要创造自身的安全条件，因为它是一切美好的基础。大学生在校期间，主要任务是学习文化知识和各种技能。参加课堂学习、文化娱乐、体育运动和课外学习等活动构成了大学生活的主旋律。学习和掌握必备的安全防范常识，严格遵守学校的有关制度规定，严防人身安全事故的发生，有助于大学生安全顺利地度过大学生活。

一、触电事故的预防措施

大学生在日常学习生活中，经常与电打交道，由于个别学生缺乏安全用电常识，私自乱拉电源线、违规使用大功率电器、充电器充电时间过长、人走不断电等，导致发生用电安全问题，严重的还会引发火灾事故或造成人身伤害。确保日常用电安全，大学生必须坚持做到以下几点。

（1）爱护学校的用电设施，如发现电线损坏、裸露、漏电等现象，应及时报告学校后勤部门或相关教师，等待维修人员进行维修，不可擅自修理。

（2）不准在宿舍内、走廊、卫生间等处私自拆、接电源线，不准私自安装灯头，不准擅自增设宿舍内的供电设施及供电线路，不准破坏宿舍楼内的供电线槽和供电电缆，不准拆修配电设施，等等。

（3）购买和使用有国家认证标志的合格电器产品，不要购买和使用质量低劣的电器产品，严禁使用破损的电源线、插头、插座等。

（4）不准在教室和宿舍内使用“热得快”、电热杯、电饭煲等学校禁止使用的电热器具，不得在灯具上拴蚊帐、晾晒衣服、悬挂装饰物，禁止将电线缠绕在床头上。

（5）不用湿手拉扯或触摸带电的线路、插座和电器，不用手或导电物去接触、探试电源插座内部，不用湿布擦拭插座、电器。

（6）离开宿舍时坚持做到人走灯灭，关闭电源。严禁在宿舍中让计算机、收录机等长期通电，严禁手机、电动刮胡刀等长时间充电。

(7) 了解宿舍的电源总开关位置，室内出现异常的电打火响声、烧焦的气味等现象，要立即断开电源。

(8) 实验操作时，要按照仪器操作规范和教师提醒的注意事项操作，确定没有问题后再通电做实验。

触电人员的救助方法：

(1) 救助者首先赶快拉掉电源开关或拔掉电源插头，因触电者身上有电，不可随便用手去拉触电者的身体。

(2) 为了争取时间，救助者可就地使用干燥的木棍、竹竿、扁担等绝缘物品拨开触电者身上的电线或电器用具，绝不能使用铁器或潮湿的棍棒，以防触电。

(3) 救助者穿上胶底鞋或站在干燥的木凳子上，用一只手（千万不能同时用两只手）拉触电者的干燥衣服，使触电者脱离电源。

(4) 若发现触电者心跳、呼吸已经停止，在医生到来之前，救助者要立即对其进行心脏和呼吸复苏措施。如果救助者体力不支，可轮换人员操作，直到触电者恢复呼吸和心跳，或确已无生还希望为止。

二、体育运动中人身伤害的预防措施

大学生主要通过体育运动进行身体锻炼。体育运动有益于身体健康，但也容易使身体受到损伤。近年来，大学生在体育运动中的意外事故时有发生，造成了不同程度的人身伤害。因此，大学生在追求健康运动的同时，不要放松对人身伤害的防范，切实做好体育运动的安全防护，确保体育运动时的人身安全。

（一）做好运动前的准备工作

掌握自己的身体情况，不盲目地参加体育活动。根据自己的身体情况，选择适宜自己参加的运动项目。根据对参加项目的熟练程度，确定自己的锻炼方式和活动量。运动开始前，先做几分钟的热身运动，避免运动中突然用力而拉伤肌肉。

（二）做好设施安全检查工作

运动开始前，必须认真检查体育设施是否安装牢固，同时认真检查自己的服装，摘下胸针和各种金属、玻璃等装饰物，口袋里不要放尖锐的物品，以免划伤、碰伤。如果着装不符合规范，应当及时更换。

（三）做好运动过程中的自我保护

遵守体育运动场的管理规定，听从体育教师的指挥，这是确保安全的基本要求。进行篮球、足球等剧烈运动时，要学会保护自己，必要时可以采取防护措施，如戴护腕、护膝等。在对抗性比赛中，要有安全意识，不能有意与对方发生冲撞。观看体育运动时，要遵守运动场的有关规定，保持必要的距离。

（四）做好运动后的放松活动

运动结束后，不要立即停下来休息，要做好放松活动，如慢跑等，使心脏逐渐恢复平静。运动后还应注意不宜立即吸烟，不宜马上洗澡，不宜贪吃冷饮，不宜蹲坐休息，不宜立即吃饭，不宜大量吃糖，不宜喝大量的水。

休克人员的救助方法：

休克是一种急性循环功能不全综合征，人在休克时表现为血压下降、心率增快、脉搏细弱、全身乏力、皮肤湿冷、面色苍白。休克人员开始时意识尚清醒，如不及时对其进行救助，则可能进入昏迷状态甚至死亡。

（1）让休克人员平卧，下肢稍抬高，以利对大脑的血液供应。如休克人员呼吸困难，则将其头部和躯干抬高一点，以利于呼吸。

（2）将休克人员颈部垫高，下颌抬起，使头部最大限度地后仰，同时让其头偏向一侧，防止呕吐物和分泌物吸入呼吸道，保持其呼吸道通畅，尤其是休克伴昏迷者。

（3）注意给体温过低的休克人员保暖，盖上被子或毯子，但对伴发高烧的感染性休克人员应给予降温处理。

（4）保持安静，避免随意搬动休克人员，以免增加其心脏负担，使休克症状加重。

（5）如因过敏导致的休克，应尽快使休克人员脱离致敏场所和致敏物质。

（6）有条件的要立即让休克人员吸氧，对于未昏迷的休克人员，应酌情给予含盐饮料。

（7）一旦发现人员出现休克，应分秒必争拨打 120 急救电话，或尽快送至就近医院抢救。

晕厥人员的救助方法：

晕厥亦称晕倒，是指晕厥人员由于脑部一时性供血不足或脑血管痉挛而发生暂时性知觉丧失而突然昏倒。晕厥主要是由血管神经性和心脑疾病引起的。情绪紧张、气候闷热、过度疲劳、疼痛恐惧等可诱发血管神经性晕厥。高血压、心律失常、心肌炎、心肌梗死等疾病可导致心脑疾病晕厥发生。

（1）迅速让晕厥人员平卧，将其腰带、领扣松解，打开门窗，便于空气流通。

（2）让晕厥人员头部稍低，双足略抬高，保障脑部供血。

（3）随时清除晕厥人员口、咽中的分泌物，以使呼吸通畅。

（4）对呼吸暂停的晕厥人员，应立即进行口对口人工呼吸。

（5）可针刺或用手指掐晕厥人员的人中、内关、合谷等穴位，促使其苏醒。

（6）如晕厥人员有心脏病史，并怀疑是心脏病变引起的晕厥时，应取半卧位，以利呼吸。

（7）注意对晕厥人员身体的保暖，随时观察其呼吸、脉搏等情况。

（8）待晕厥人员清醒后，可给其服用温糖水或热饮料。在晕厥人员晕厥时，切忌经口给其任何饮料及药物。

（9）经救助仍未清醒者，应立即打 120 急救，或尽快送至就近医院抢救。

三、乘坐电梯时安全事故的预防措施

如今，人们对电梯的依赖程度越来越高。与此同时，一脚踩空跌落电梯井底、被卡电梯窒息死亡、电梯故障导致人员被困等频发的电梯事故，也让人们“谈梯色变”。电梯故障主要包括电梯轿厢滞留人（电梯困人）、电梯急速坠落、电梯冲顶等。电梯故障可能发生在任何时间，发生在装有电梯的任何地点，让人防不胜防。因此，大学生在外出或校内乘坐电梯时，一定要增强安全意识，防止乘坐电梯事故的发生。

（1）禁止携带易燃、易爆或带腐蚀性的危险品乘坐电梯。

（2）在电梯运行过程中，不要在轿厢内嬉戏、跳跃。

（3）不准超载使用电梯，超载报警时将造成电梯不关门，后进的学生要自觉退出。

（4）不可在电梯轿门和层门之间逗留，严禁将身体倚靠在轿厢门或层门上，防止出现挤压或剪切现象。

（5）严禁撞击、踢打、撬动或以其他方式企图打开电梯的轿门和层门。

（6）在电梯开关门时，不要直接用手或身体阻碍门的运动，这样可能导致撞击的危险。

（7）严禁乘坐明示处于非安全状态下的电梯。

（8）如遇火灾、地震或其他灾害时，严禁使用电梯。

（9）如需要使电梯门保持打开状态，请自己或他人帮助按住轿厢内的开门按钮。

（10）如遇电梯骤停，要立即用电梯中的警铃、对讲机或手机与管理员联系。如果报警无效，可间歇性地呼救或拍打电梯门，引起附近过往人员注意。自行扒门或试图从电梯顶部脱险，有可能坠落井道。

（11）如遇电梯下坠，要赶快把所有楼层的按键都按下。如果电梯内有扶手，要一只手紧握扶手；如果电梯内没有扶手，要用手抱颈，使整个背部跟头部紧贴电梯内墙，呈一直线，膝盖呈弯曲姿势，脚尖点地，脚跟提起。

近年来，手扶电梯“吃人”的惨剧不时发生，夹脚夹手、卷人衣物、突然逆行、人员跌落等都有可能造成飞来横祸。面对这些可能的危险，大学生在校外或校内乘坐扶梯时务必牢记以下几点。

（1）不要穿着鞋带松了的鞋子乘坐扶梯。

（2）上扶梯前，确定扶梯运行方向，避免踏反。

（3）稳步迅速进入扶梯。如果视力不好，要特别小心。

（4）穿长裙子或手拎物品乘坐扶梯时，要留意裙摆和物品，谨防被挂住。

（5）进入扶梯时，不要踩在两个阶梯的交界处，以免因前后阶梯的高差而摔倒。

（6）乘坐扶梯时，紧握扶手，双脚站稳在梯级内，不能靠在扶梯两边或倚在扶手上。

（7）不要在扶梯梯级上走动或跑动，以免增加摔倒或跌落扶梯的危险。

（8）严禁在扶梯上嬉戏打闹，切勿无事按下扶梯紧急停止按钮。

（9）当出现突发状况时，不要紧张，要大声呼救，提醒他人马上按下扶梯出口处的紧急停止按钮。

（10）如不慎摔倒，应两手十指交叉相扣，护住后脑和颈部，两肘向前，护住双侧太阳穴。

（11）当发现他人遭遇意外时，应迅速按下紧急停止按钮，大声提醒扶梯上的乘客抓稳扶好。

（12）乘坐扶梯结束时，要快速稳步跨出扶梯。离开扶梯出口区域时，不要停下交谈或四处张望，主动为后面的乘客让行。

四、食物中毒的预防措施

频繁曝光的食品安全问题成为大家心中的隐忧。“瘦肉精”“染色馒头”等事件曾引起轩然大波，“硫黄姜”“福尔马林血旺”等事件也引起了广大群众的高度关注。食物中毒就是因为吃了有毒食物而引起的，被污染或有毒的食物通常外观与正常的食物没有明显的区别，凭感官往往不易判别。食物中毒后，轻者可使人体健康受到损害，重者会导致死亡。如果不了解预防食物中毒的一些常识，大学生就有可能成为受害者。2018 年第三季度，中国疾病控制信息系统“突发公共卫生事件报告管理信息系统”共收到全国 23 个省份食物中毒报告事件 119 起，中毒 3 488 例，死亡 27 例。从食物中毒事件发生的原因和场所来看，细菌性食物中毒事件最多，真菌性食物中毒报告的死亡人数最多，发生在餐饮服务单位的食物中毒人数最多，主要原因是食物污染或变质、加工不当、储存不当及交叉污染等。为有效预防食物中毒，大学生要注意做好以下几方面工作。

（1）尽量在学校的食堂用餐，不到卫生条件差的餐饮场所用餐，尽量不在露天的摊位上用餐。

（2）在超市或便利店购买食物，要看清生产日期，对于过期的、胀袋的、包装变形的、盒装和罐装食品盖子鼓起的食品，不要购买食用。

（3）购买熟食要看颜色、嗅味道，半生不熟的烧烤肉类食品、变质的熟食一律不吃，防止食用以病死、毒死或不明死因的畜禽为原料制作的食品。

（4）不饮用生水及过期变质饮品，不吃隔夜菜，不喝隔夜汤，更不要吃腐烂变质的食品，防止亚硝酸盐中毒。

（5）注意个人用餐卫生，餐前便后要洗手，经常修剪指甲。处理食物前后，要用温和的肥皂水洗手。

（6）如果怀疑食物中毒，应立即去医院检查。如果是集体中毒，则要报告学院相关领导，采取有力措施及时处置，避免错过最佳治疗时期，贻误救治。

知识链接

食物中毒人员的救助方法

一旦发现有同学出现上吐、下泻、腹痛等症状，立即拨打 120 急救电话。在医生到来之前，救助者将中毒者移至通风处，松解衣领、裤带，并设法进行催吐。对于处于休克昏迷状态的中毒者不宜催吐。①若中毒者进食时间为 1~2 小时，可让其多喝温开水，而后用手指、筷子或动物羽毛探喉，促其呕吐，尽快排出毒物；②若中毒者吃下剧毒食物的时间为 2~3 小时，而且精神较好，可给其用些泻药，促使致毒食物尽快排出体外；③对可疑有毒的食物，禁止再食用，将中毒者食用的可疑食品、呕吐物或粪便封存带上，送医院检查以便诊断。

五、燃气中毒的预防措施

随着经济的发展和人民生活水平的提高，天然气、液化气、煤气等各种可燃气体逐步进入千家万户。燃气在给我们带来方便、卫生、环保的同时，也带来了一定的危险，如日常燃气使用过程的泄漏会引起中毒、火灾、爆炸等。近几年，燃气爆炸事件时常见诸报端，造成了大量的人员伤亡和财产损失。据燃气爆炸微信公众平台收录统计，2019 年燃气事故新闻

722起，相关伤亡情况为：63人死亡、585人受伤。722起事故中，室内燃气事故新闻463起，室外燃气事故新闻259起。全年每月平均事故新闻数量超过60起。因此，大学生务必时刻做好燃气中毒、火灾和爆炸的预防工作，避免悲剧的发生。

（一）防止燃气管道和燃气灶具漏气

睡觉前应检查燃气开关是否关好，厨房是否有燃气漏出特有的臭味。如有可疑，可将肥皂水涂抹在怀疑漏气的地方，如有漏气则会冒肥皂泡。发现燃气泄漏时，不要惊慌，迅速关闭室内总阀门，开窗通风。严禁开启电源开关（如开灯、关灯）、使用明火，切勿使用室内电话或手机，特别要坚决禁止使用排气扇、电风扇排气。

（二）防止燃气点燃后被浇灭而导致大量泄气

使用燃气时，不宜将火苗开得太小，易引发漏气或者不完全燃烧。在煮饭、烧水和煲汤等时，容器不宜装满，应有人看管，以免火被溢出的汤、水浇灭而漏气。

（三）正确使用燃气热水器

使用燃气热水器不当，也会引起燃气中毒，因此，燃气热水器必须安装在通风良好的环境中，严禁安装在浴室内。一人洗澡，要有他人照看，防止燃气热水器火焰熄灭，造成漏气。

（四）正确使用煤炉

用煤炉烧饭、做菜、取暖时，一定要让产生的废气通过管道输出至室外。

（五）保持室内空气流通

燃气燃烧产生的二氧化碳，虽然没有一氧化碳那种毒性，但空气中二氧化碳含量达1%时，就对人有害处；达4%~5%时，人就会感到头痛、眩晕、气喘；达10%时，能使人不省人事，呼吸停止甚至死亡。

知识链接

燃气中毒的救助方法：当发现有人燃气中毒时，应及时拨打119或120电话求助。在等待期间，首先，要打开门窗，将病人搬到空气新鲜、流通而温暖的地方。其次，要检查病人的呼吸道是否畅通，发现鼻、口中有呕吐物、分泌物时应立即清除。对呼吸浅表者或呼吸停止者，要立即进行口对口呼吸，直到病人出现自主呼吸或明显的死亡征象为止。再次，要根据天气情况给病人盖上大衣或毛毯、棉被，防止其受寒发生感冒、肺炎。可用手掌按摩病人躯体，在其脚和下肢放置热水袋，促进吸入毒物的消除。最后，对昏迷不醒者，可以手指尖用力掐人中（鼻唇沟上1/3与下2/3交界处）、十宣（两手十指尖端，距指甲约0.1寸处）等穴位。对意识清醒的病人，可给饮服浓茶水或热咖啡。一般轻症中毒者，经过上述处理，都能逐渐使症状消失。对于中毒程度深者，经过上述处理后，应尽快送往医院，并注意在运送途中不可中断抢救措施。

第二节　实验操作中的人身伤害

高校实验室，特别是理工科高校的实验室，涉及物理、化学、生物、医学、电子等诸多领域，是培养大学生科研动手能力的重要基地。实验室中不仅有各种具有潜在危险的仪器设备，而且相对集中地存放了大量的危险物品。实验操作者稍有不慎，就有可能发生爆炸、中毒、火灾、电击等安全事故。实验操作中的安全问题，不仅影响高校科研工作和实验教学进度，而且直接关系到学校的公共财产安全和师生的生命财产安全。

一、物电实验操作时人身伤害的预防措施

大学生要提高安全防范意识，防止实验操作过程中的创伤和触电事故发生，因为在实验室比在教室和其他学习生活场所更容易受到人身伤害。

（1）实验室供电线路的布设、电线截面积和保险丝的选用要符合安全供电标准，供电线路要定期检修和更换。

（2）安装电气设备时要做到电流、电压与用电器的标称值匹配。一般情况下用电器都应接地，并检查接地是否良好。

（3）实验操作前，要对各种移动电器和线路认真检查，确保绝缘良好。所有电工工具应有良好的绝缘手柄，所有用电器外壳应接上地线。

（4）实验操作中，不能弄湿电源线，不能用潮湿的手触摸正在工作的电气设备。

（5）想清、看清操作规范后再动手操作，力度和动作幅度要恰到好处，不能徒手接近或太靠近高速运转的仪器。有同学正在操作设备时，其他人不能打闹，不能闭合开关供电。

（6）在检修电源线、电器时，必须切断电源，切忌带电操作。电线或电器盒盖破损要及时修复，以免高压导线裸露伤人。

（7）实验操作完毕离开实验室时，要将总电源断开。

二、化学实验操作时安全事故的预防措施

大学生在实验操作中可能接触酸、碱等危险化学物品，具有不安全性，稍有不慎，就可能发生人身伤害事故。所以，大学生在做化学实验时，一定要严格遵守实验操作的有关要求。

（一）防高压容器爆炸

不要私自动用易燃、易爆等危险品；高压容器、高压锅不能过满；装气体的高压容器避免阳光直射；有可燃物品和可燃气体时，实验室要注意通风。

（二）防中毒和有毒物质污染

做好实验中的通风通气工作，必要时戴防毒口罩或面具，防止毒物沾染到皮肤上或是侵入呼吸系统或消化系统；正确处理剩余的有毒物品，不能私藏，更不能带离实验室；毒瓶和有毒废渣等不能随意丢弃和排放，应按有关规定处置。

（三）防腐蚀

进实验室前按规定穿好实验服，不穿普通衣服，更不能穿裙子做实验；拿取试剂瓶取用试剂时，要按规范操作，防止化学液体外溅。如果不小心被腐蚀性溶液溅到，一定要按科学的方式处理。

三、生物实验操作时微生物感染和污染的防范措施

在生物实验操作中，可能接触动物或病菌，如果不遵守实验室的有关规章制度，不严格按照实验规程操作，就容易发生病菌感染等实验事故。为有效预防生物实验操作时微生物感染和污染，大学生要切实做好以下几方面工作。

（1）实验操作前，要了解自己的实验对象，如动物或病菌。要了解哪些对人体有害，哪些对人体无害。

（2）做病菌实验时，实验人员一定要做好防护工作，穿上隔离衣，戴上防护帽、口罩和专用手套。

（3）做解剖实验时，要借助仪器，不要直接用手接触解剖对象，防止手划伤造成感染。

（4）如果手上有伤口，不要进行解剖实验。如果有皮肤破损的情况，可以申请免除当次实验。

（5）做病菌实验时，严禁他人随便进入实验室。实验用的病菌必须专人管理，实验用的病菌瓶、病菌箱要按规定存放，以防病菌泄漏或扩散到环境中，造成环境污染。如果不小心打破了试剂瓶或病菌瓶，一定要及时上报。

（6）实验用的动物要进行消毒处理。做完实验后，要对用后动物进行消毒，并妥善处置。

（7）实验结束后，一定要严格做好实验室及个人的清洁工作，进行病菌、动物实验的学生，做完实验后要进行必要的消毒，不得将菌种和实验材料带出实验室。

第三节　因矛盾纠纷造成的人身伤害

近年来，因矛盾纠纷而发生在大学校园的人身伤害案件偶见报端，已经成为校园安全的重要威胁。不少悲剧的发生往往是由于同学之间一些小的矛盾纠纷引起的。大学生的生活习惯、思维方式各不相同，容易在生活学习中的琐事上产生矛盾纠纷。其实，同学之间存在差异和矛盾是大学生活中的正常现象。面对矛盾纠纷，如果大学生不知如何沟通，不会理解谦让，不能冷静克制，则可能激化矛盾，发生争执，引发打架斗殴，造成人身伤害。

一、容易发生矛盾纠纷受到伤害的原因

个别学生在校学习、生活期间，由于不注意遵守学校的规章制度，影响其他同学的利益，又不能礼貌相待、冷静克制，由口角、谩骂发展到打架斗殴；因与同学之间的一些矛盾处理

不好，忌恨成仇，私下“解决”，从而受到人身伤害；在学校的食堂、超市等公共场所，与学校职工或外来人员等发生纠纷，不能妥善处理，以致发生打架斗殴；进出校园周边饭店、酒吧、KTV 等治安状况复杂场所，容易因一些小的摩擦纠纷引发冲突；等等。个别学生在人际交往中容易发生矛盾纠纷而受到人身伤害的原因主要有以下几个方面。

（1）在日常学习生活中不拘小节。

（2）喜欢过分开玩笑或刻意挖苦别人。

（3）因一点琐事互相猜疑。

（4）不尊重别人，出言不逊，喜欢骂人。

（5）妒忌心强，平时容易妒忌他人。

（6）不谦虚，狂妄自大，目中无人。

（7）极端利己，不容他人，争强好胜。

二、同学之间矛盾冲突的处理方法

妥善处理同学之间的矛盾冲突，大学生要从以下几个方面入手。

（一）冷静克制

无论争执由哪一方引起，都要持冷静的态度，不可情绪激动，避免矛盾激化。对于那些可能发生摩擦的小事，要宽容对待。

（二）诚实谦虚

在与同学和其他人的相处中，能认真听取他人的意见，进行认真的自我批评，宽容他人的过失，处理好相互间的争执。

（三）文明礼貌

当你不小心冒犯了别人时，你讲一句“对不起”“很抱歉”；别人冒犯了你，向你道歉时，你回敬一句“别客气”“没关系”，紧张的气氛就会烟消云散。

（四）相信组织

同学之间发生了矛盾和问题，如果自己解决不了，应及时向学院领导、辅导员说明情况，或者报告学校保卫部门、地方公安机关，由组织出面协调解决。

三、社会交往中矛盾纠纷的处理方法

随着高校社会化进程的加快，高校师生与校外人员的交往日益增多，校园周边及校内的治安环境日趋复杂，师生与校外人员发生纠纷、斗殴或遭受不法侵害的案件也时有发生。在社会交往中，有的学生为了一点小事就大打出手、拳脚相加，与他人斗殴甚至杀人，反映了个别学生遇事不冷静、法律知识欠缺的问题。防范社会交往过程中的安全隐患，大学生要切实做到以下几点。

（一）谨慎交友

“择其善者而从之。”一个人的朋友如何，对自身的成长、发展能起到一定的作用。与正直、讲信用的人交往会受益匪浅；与心术不正、华而不实的人交朋友会带来害处。

（二）明辨是非

明辨是非是社会交往中的原则问题，不能因为是同乡、同学或好友，而盲目讲所谓的“义气”，感情用事，不分是非曲直，使自己误入歧途而断送前程。

（三）虚心求教

在社会交往中，会遇到各种各样的人和事，也会出现许多自己把握不好的问题。不要盲目听信他人，也不要自作主张、自行其是，而要及时与教师和家长沟通，征求他们的意见，获得他们的帮助，这样才能避免交往中的各种危险。

（四）提高警惕

多年以来，大学生尤其是女大学生甚至女研究生在社会交往中警惕性不高，被拐卖、杀害的事件时有发生，这与大学生对社会的认知和适应能力不强、相关的法律知识和安全意识薄弱有关。因此，大学生在对外交往的过程中一定要提高警惕，尽量将自身安全的危险系数降到最低。

四、社会交往中人身伤害的防范措施

因为无法预知人身伤害什么时候会发生，所以大学生必须从自我做起，从日常做起，采取积极有效的措施，做好应对意外伤害的准备，才能保护好自身的安全。

（一）正确处理人际关系

很多人身伤害案件都是由于人际关系处理不善引发的。大学生要学会冷静、理智地处理人际关系。在社会交往过程中，提倡相互忍让、理解和包容，遇到问题要注意换位思考，善于主动交往，尽量避免争论，善用赞扬和批评，勇于承认错误。

（二）加强自我约束

社会交往中的矛盾纠纷多数是由自我约束差引起的。加强自我约束，不做违章违纪之事，就能降低与人发生纠纷的概率，也就能避免人身伤害。大学生平时说话要有分寸，谈吐雅致，不说粗话、脏话，加强与别人的沟通。在与他人发生纠纷的时候，能认真听取他人的意见，开展自我批评，从自身找原因，主动宽容他人的过失。

（三）学会规避危险和自我保护

在社会交往过程中，大学生要事事上心、处处留心，注意规避来自各个方面的各种危险，掌握一些简单实用的自我防卫技术，增强自我保护能力。特别是当遭遇人身侵害时，可以采取一定的正当防卫手段保护自己。

第四节　由外界滋扰造成的人身伤害

滋扰主要是指对校园秩序的破坏扰乱，对大学生的无端挑衅、侵犯乃至伤害的行为。校园滋扰主要有四类形式：一是校外不法分子通过多种途径与少数学生交往结识，如发生矛盾或纠纷，有目的地人校寻衅滋事，伺机进行报复。二是一些青少年到校内游逛，有意扰乱校园秩序。三是校外人员因与学生争夺活动场地等，引发矛盾和冲突。四是少数无赖之徒，千方百计打听异性同学的姓名、电话，然后不停地给其打电话，通过恐吓威胁、敲诈勒索等方式，造成被害人精神上的痛苦。因此，大学生必须提高警惕，尽力预防和制止外部滋扰，以保证在校学习生活有序进行。

一、骚扰电话和短信的处理方法

大学生应对和处理接到的骚扰电话或收到的骚扰短信，可以采取以下措施。

（1）对于异性打来的求爱电话，要端正态度，严词拒绝，不可拖泥带水。

（2）对于谩骂电话，电话如有录音功能的话可进行录音，保留通话记录。同时，警告对方不要继续，否则将负法律责任。

（3）对于推销之类的广告电话，则只要挂断即可。

（4）对于性骚扰电话、短信，要明确表明自己的立场，不让对方心存幻想。同时，要注意收集证据，如保存好对方发送的短信；如果是网络聊天的话，可截图保存，以利于后续报警处理。

（5）对于恐吓、敲诈电话和短信，要能正确对待，千万不可为隐瞒自己某些错误行为而满足对方的要求，必要时求助组织终止对方的纠缠，实在不行可以诉诸法律解决。

（6）情况严重的要立即报警，不要因为面子问题或者违法嫌疑人的恐吓而不敢报警，这样只会让违法嫌疑人更加猖狂。

法律链接 ▶

《中华人民共和国治安管理处罚法》第四十二条规定，有下列行为之一的，处五日以下拘留或者五百元以下罚款；情节较重的，处五日以上十日以下拘留，可以并处五百元以下罚款：

（一）写恐吓信或者以其他方法威胁他人人身安全的；

（二）公然侮辱他人或者捏造事实诽谤他人的；

（三）捏造事实诬告陷害他人，企图使他人受到刑事追究或者受到治安管理处罚的；

（四）对证人及其近亲属进行威胁、侮辱、殴打或者打击报复的；

（五）多次发送淫秽、侮辱、恐吓或者其他信息，干扰他人正常生活的；

（六）偷窥、偷拍、窃听、散布他人隐私的。

二、男女求爱滋扰的处理方法

对于男女之间求爱之类的滋扰，大学生要注意理性对待，正确处理。

（一）态度明朗，不可模棱两可

如果你并无恋爱打算，对于那种单恋的追求者，应明确拒绝；如果是正在恋爱中或曾经恋爱过的对象，如果自己对对方没有感情，就要明确告诉对方，让其打消念头。

（二）遵守恋爱道德，讲究文明礼貌

在拒绝对方的要求时，要讲道理，耐心说服；要尊重对方的人格，不可挖苦嘲笑，更不能在别人面前揭露对方的隐私。

（三）正常相处，节制往来

恋爱不成，但仍是同学、朋友，不可结怨，更不能成为仇人。在交往中，要落落大方，节制不必要的往来，以免对方产生“物是人非”的伤感，让对方尽快消除心理上的伤害。

（四）遇到困难，要依靠组织

如果你认为制止不了对方的纠缠，或者发现对方可能采取报复行为等，要及时向学院的辅导员和领导汇报，依靠组织妥善处理，防止发生意外事件，必要时应寻求法律的帮助。

三、恋爱纠纷的处理方法

大学生在校期间谈恋爱已成为一种常见的现象，这是无法回避的现实问题。有的学生在交朋友过程中不慎重，对恋爱对象了解不够深入，在两人出现感情问题或恋爱纠纷时，容易受到人身伤害。个别学生不能正确处理情感纠葛，恋爱失败即由爱生恨、反目成仇，甚至横刀夺爱，引发血案。因此，当大学生恋爱不成出现矛盾纠纷时，要采取妥善的方法正确处理，防止出现人身伤害或做出违法犯罪的事来。

（1）应当以双方当事人协商处理为主。不管恋爱结局如何，都要有解决问题的诚意。只有这样，才能妥善解决好恋爱纠纷问题。

（2）恋爱纠纷双方多做自我批评，防止加剧感情裂痕，铸成难以收拾的僵局。

（3）如涉及中断恋爱关系，要持慎重态度。在感情好的时候，要清醒地看到对方的短处；在发生感情裂痕的时候，要想到对方的长处。

（4）在双方感情矛盾中，有过错的一方要主动承认错误，以取得对方的谅解。如果确无和好的可能，或者一方坚持中断恋爱关系，另一方也要面对现实。

（5）对于中断恋爱关系的，恋爱中用于共同生活的款项，不管谁花了多少，以不结算为宜。互赠的礼品，按照民事法律关系中赠予方面的规定，一般不宜索还。

（6）恋爱一方的女生在出现恋爱纠纷时要注意提高安全防范意识。大学生遇害案件中比较典型的是因恋爱纠纷而引发的命案，其中多数是男生不愿女生提出分手而酿成悲剧，女生的防范意识不足是此类案件发生的主要因素。例如，有的男生已经有“分手杀你全家”等语言威胁，女生却不告知家长、教师和朋友；遇到男生情绪激动甚至失控时，不但不知让对方冷静，反而进一步用语言刺激，招来杀身之祸。无论在何种情境，都要注意“安全第一”。

四、寻衅滋事的处置措施

寻衅滋事是指肆意挑衅，随意殴打、骚扰他人或任意损毁、占用公私财物，或者在公共场所起哄闹事等严重破坏社会秩序的行为。寻衅滋事不仅直接危害师生、员工的人身安全，而且会破坏整个校园的正常秩序。不管是在校内还是在校外，大学生遇到寻衅滋事时，要采取有效措施应对处置。

（一）勇敢面对

要提高警惕，做好准备，正确看待，慎重处理。面对违法滋扰，不要惊慌，要问清缘由，既不畏惧退缩，也不随便动手，而应冷静、妥善处理。

（二）灵活处置

要注意策略，讲究效果，避免纠缠，防止事态扩大。遇到仅有挑逗性语言和动作的滋扰情况，应采取正面对其劝告的方法，注意避免纠缠和事态扩大。

（三）依靠组织

要充分依靠组织和集体的力量，积极干预和及时制止违法犯罪行为。如发现违法滋扰事件，要及时向教师或学校保卫部门报告，一旦出现公开侮辱、殴打同学等恶性事件，要敢于挺身而出，借助有利条件，在顾及自身安危的前提下积极揭露和制止。

（四）善用法律

要善于运用法律武器保护他人和自己。当遇到的违法滋扰事件危及学校、他人和自身安全时，大学生可以实行正当防卫，但要掌握分寸，同时要注意掌握证据。

五、校园内形迹可疑人员的应对措施

大学生在校园内发现形迹可疑人员时，应主动上前询问有关情况，防止不法分子来校园作案。大学生询问对方时态度要和气，问得要仔细。

（1）如果来人确有正当理由，一般都能说得清楚，所说的姓名及所在院系、专业、年级等不会错，而且心情平静。

（2）如果来人回答疑点较多，所说的姓名及所在院系、专业、年级等对不上号，要找的人根本不存在，而且神色慌张、左顾右盼等，则可进一步盘问。

（3）如果来人经盘问疑点很多，不肯说出其真实身份，或身上可能携有赃物、作案工具等物品，则可先和他谈话将其拖住，再派人拨打学校保卫部门电话报警，以便尽快弄清情况。

（4）对盘问的可疑人员，要与其讲明道理，切不可动手，更不能随意进行搜查。

（5）如果可疑人员是盗窃分子，还要防止其突然行凶或逃跑，并确保自身不受到伤害。

第五节　意外事件中的人身伤害

生命对于我们每个人来说都只有一次，它是人生最宝贵的东西。有了生命，我们才能认识世界，改造世界，为自己的美好理想而奋斗，为家庭的幸福美满而拼搏，为社会的进步发展多做贡献。而一旦发生人身安全事故，甚至失去了生命，这一切活动也就随之而终结。大学生遇到的安全问题可能是千变万化的，具有不可预测性。在不可知的各种危险面前，大学生能做的就是掌握各种危险的应对技巧，并学会合理地加以运用，以便在危险面前能够全身而退。

一、外出游玩时人身伤害的预防措施

近年来，大学生出游安全事故时有发生，尤其是游览名山大川时的危险最大，最易发生人身伤亡事故。大学生因为长期在校园内学习、生活，缺乏社会经验和野外生存能力，所以在外出游玩前要做好充分准备，以确保出游安全。

（1）认真做好出发前的准备工作，选择最佳的游玩路线和交通工具，正确估计自己的身体状况，不要带病旅游。出行前对要去的地方有全面的了解，关注目的地的气象、汛情、灾情和疫情等信息，不要前往有危险和流行病疫情的地区。如果条件允许，出发前要办理人身意外伤害保险和意外医疗保险，这样旅游过程中万一发生意外，就可以获得保险公司的理赔，减少个人损失。

（2）报名参加旅游团时要慎重，一定要选择有合法资质的旅行社。遇到危险隐患，随时向导游提出建议，避免意外发生。乘车时一定要系好安全带，避免被甩出车外或碰撞受伤。车辆行驶中切忌站立或在动荡的车厢内走动。

（3）如果租用车辆，一定要高度重视交通安全，要选择具有营运资质、车况良好的车辆，要考虑天气、道路状况是否适宜出行。行驶过程中出现超速、疲劳驾驶、酒后驾车等危害驾驶安全的行为，要及时予以提醒、纠正。

（4）游览过程中要时刻注意安全，听从导游的安排。在海边观景或散步时要特别注意风浪袭击，赴山岳型景区旅游时要特别注意天气和景区设立的安全警示标志。不要到景区划定的安全游览路线以外游玩，不要单独活动，分散活动时要准时到达指定地点集合。

（5）在游玩过程中，应保存好旅游合同、旅游发票、景点门票、医疗单据等。如发生旅游服务质量问题或纠纷时，应保持冷静，理性维权。不要采用过激的言行，如拒绝登机、船、车等。

（6）游玩过程中一旦发生事故，不要惊慌失措，要在了解自己所处的环境和伤情后努力自救，一定要相信自己能够战胜困难、摆脱困境。在依靠自身力量无法摆脱困境，或因伤势太重不能活动时，要注意保存体力，及时发出求救信号，利用携带的通信工具、手电筒或打火机的光线、敲击石头发出的声音、挥动色彩鲜艳的衣物等办法与外界取得联系。

二、溺水的预防与救护知识

游泳是一项常见的体育运动，深受广大青少年喜爱。然而游泳前准备不充分、缺乏安全防范意识、遇到危险时不能沉着自救，导致溺水伤亡事故时有发生。为提高游泳安全意识与溺水防范能力，防止溺水伤亡事故发生，大学生需要学习溺水的预防与救护知识。

（一）溺水的原因和措施

1. 溺水的原因

（1）私自下水：未经允许私自到不明水域游泳，并且没有相应的防范措施。

（2）意外落水：在水边活动时失足落入水中。

（3）打捞物品：物品掉落到水中后，在对水域不了解的情况下进行打捞。

（4）盲目施救：他人落水后，在自己没有救助能力的情况下，盲目下水救人或采用手拉手的方式救人。

2. 溺水致死的原因

（1）缺氧是溺水死亡的原因。

人淹没于水中，由于呼吸道被水、污泥、杂草等杂质阻塞，喉头、气管发生反射性痉挛，引起窒息和缺氧，从而导致死亡。

溺水导致死亡的概率很高，其原因很复杂。

（2）水面以上及水面以下温差较大。

有些水域表面以上及以下温差较大，下水后突然遭受冷水的刺激后，会在水下出现四肢痉挛、抽搐，导致失去自主能力而下沉。

（3）被水草缠绕、陷入淤泥。

有些水域中会有很多的水草和淤泥，下水后可能会被水底的水草缠绕而导致下沉，或者陷入淤泥中而失去控制能力；并且水底乱石较多，坑洼不平，极易发生危险。

（4）水域底部出现断层。

有些水域岸边看起来很浅，但底部呈现断层或坡状，在水中很容易突然落入深水区，出现呛水、惊慌紧张而导致溺水。

3. 溺水的防范措施

（1）有关部门对危险开放水域加强监管。

对危险水域应尽可能采取安全隔离或封闭措施，并设立醒目的警示标志，使人们不能轻易接近、进入或误入。对于城镇中的各种开放水域，应有专人值守，及时发现并劝说试图游泳者离开。在雨季发生后，及时派专人到低洼地带查看，发现临时水洼时应设立警示标志或设置障碍物进行隔离。

（2）学校对学生进行防溺水安全教育。

学校要加强防范溺水专项的教育工作，重视对学生的防范溺水安全教育，让学生树立防溺水安全意识，加强自我保护能力。同时，还要提高学生防溺水的自觉性和识别险情、紧急避险、遇险逃生的能力。

（3）家长配合学校做好防溺水安全教育工作。

家长应配合学校做好孩子的防溺水安全教育工作，加强对子女的看管，经常对孩子进行防溺水安全教育，并提高自身的救护技能及孩子的自护自救能力。孩子在水边活动时，家长应陪同照看。

（4）学生提高自身的安全防范意识。

学生应该不断强化溺水安全防范意识，以血为鉴，引以为戒。学会相关的预防溺水安全知识，并能将所学的知识运用于实际，掌握溺水自救的基本知识和技能，必要时自救或者救人。

①不要独自一人外出游泳，不要到不知水情或明确标示易发生溺水事故的危险水域游泳，也不要到血吸虫疫水区游泳。要提前对游泳场所水质是否卫生，水下是否平坦，有无暗礁、暗流、杂草，水域的深浅等情况了解清楚。

②要在熟悉水性的人的带领下游泳，防止意外发生。如果集体外出游泳，下水前后都要清点人数，并指定水性好的人员担当救生员，配发救生圈等物品。

③平时四肢容易抽筋者不宜游泳或不要到深水区游泳。下水前要做好身体准备，如先活

动活动身体，在浅水处用水淋洗身体，待适应水温后再下水游泳；镶有假牙的人应将假牙取下，以防呛水时假牙落入食管或气管引发危险。

④对自己的水性要有清楚的了解，下水后不能逞能，不要贸然跳水和潜泳，更不能互相打闹。不要在急流和漩涡处游泳，更不要酒后游泳。

⑤在游泳过程中如果感觉身体不舒服，如眩晕、恶心、心慌、气短等，要立即上岸休息或呼救。若小腿或脚部抽筋，千万不要惊慌，用力扳脚掌或做跳跃动作，用力按摩、拉扯抽筋部位可迅速缓解。

⑥做到“六不准”。

a. 不准私自下水游泳。

b. 不准擅自与他人结伴游泳。

c. 不准在无家长或教师带队的情况下游泳。

d. 不准到不熟悉的水域游泳。

e. 不准到无安全设施、无互救人员的水域游泳。

f. 不准未成年人擅自下水救人。

（二）溺水的自救与互救

1. 溺水自救

（1）自己不熟悉水性意外落水，附近又无人救助时，首先应保持镇静，千万不要手脚乱蹬拼命挣扎，这样只会使身体更快地下沉。正确的自救方法是：

①落水后立即屏住呼吸，踢掉鞋子，然后放松肢体等待浮出水面。因为肺脏就像一个大气囊，屏气后人的比重比水轻，所以人体在水中经过一段下沉后会自动上浮。

②当感觉身体开始上浮时，尽可能使头部后仰。只要不胡乱挣扎，人体在水中就不会失去平衡。这样口鼻将最先浮出水面，可进行呼吸和呼救。

③呼吸时尽量用嘴吸气，用鼻呼气，以防呛水。吸气要深，呼气要浅。

④只要能维持口鼻略浮出水面进行呼吸和呼救就可以了，以平静的心态等待救援者到来。千万不要试图将整个头部伸出水面，这将是一个致命的错误，因为对于不会游泳的人来说将头完全伸出水面是不可能的，这种必然失败的做法将使落水者更加紧张和被动，从而使整个自救功亏一篑。

⑤当有人救助时，落水者绝不可惊慌失措抓抱救助者的手、腿、腰等部位，一定要听从救助者的指挥。

（2）会游泳的人发生溺水，多是遇到了意外，以手足抽筋最常见。主要是下水前准备活动不充分、水温偏冷或游泳时间过长、过于疲劳等原因造成的。

①小腿抽筋时会感到小腿肚突然发生痉挛性疼痛，此时可改用仰泳体位，先用单手抓住脚大拇指朝背屈方向牵拉，然后按捏患侧腿肚，即可缓解。

②若手腕部肌肉痉挛，可将手指上下屈伸，另一只手辅以按捏即可缓解。

③长时间游泳自觉体力不支时，可改为仰泳，用手足轻轻划水即可使口鼻轻松浮于水面之上。调整呼吸，全身放松，稍作休息后游向岸边或浮于水面等待救援。

④在湖泊中游泳时，由于对水情不熟，一旦发生水草缠足的情况，可深吸一口气潜入水下，迅速将缠足的水草解脱，然后循来路返回，不可继续深入。

⑤在江河中游泳，有时会遇到巨大的漩涡，此时应以最快的速度沿其切线方向游离漩涡中心，千万不能采取直立踩水姿势，以防被巨大的漩涡吸入水下。万一被卷入水下，也应在入水前深吸一口气，争取以潜泳方式在水下奋力一拼。

注意一定要沉着冷静，心慌意乱会造成周身肌肉过度紧张，使体力过早耗尽，更易发生危险。

2. 救助溺水者

（1）对神志丧失的落水者，如果可能的话，可以游过去，使其面朝上并救至岸上。如果水很深或水流很急，最好找一条船去救。如果周围没有船，而救助者的游泳技术又不是很好，应尽快寻求他人帮助。

（2）对神志清楚的落水者，可用棍子、桨、绳子、毛巾或附近的船将其救上岸，也可绕到溺水者的背后或者潜入水下，用手从其左腋下绕过其胸部，然后握其右手，以仰泳姿势将其拖向岸边；或从背后抓住其腋窝拖带上岸。切忌从正面接近用手直接去拉落水者，因为落水者会把救助者拖入水中并缠住不放，这样两个人都有丧生的危险。若被溺水者抱住，应放手自沉，溺水者便会松开。

救助者若水性不熟或不了解现场水情，不应轻易下水，应立即呼救或报警。

（三）溺水的现场急救

溺水者被救上岸后，应立即实施现场急救，同时迅速拨打 120 急救电话。

1. 保持呼吸道通畅

解开其衣领，清除口、鼻中的污泥、杂草及分泌物，并拉出舌头，以解除呼吸道阻塞。

2. 快速控水

溺水者取俯卧位，腹部垫高或置于救护者屈曲的膝盖上，头下垂并侧向一边，抢救者以手压其背部，促进胃、肺中的水迅速吐出。也可使其俯卧在救护者肩上，腹部紧贴救护者肩部，头、脚下垂，做走动或“跳动”倒水动作，使其呼吸道内的水自然流出。但应注意不要因为控水而耽误了心肺复苏的时间。

3. 迅速进行心肺复苏

心肺复苏应争分夺秒，越早实施，抢救成功概率越高，应持续进行，不要一味只知等待救护人员到来，而丧失最佳抢救时间。

①口对口人工呼吸：溺水者平躺，急救者位于一侧，托起其下颌，捏住其鼻孔，深吸一口气后，往其嘴里缓缓吹气，待其胸廓稍有起伏时，放松其鼻孔。反复并有节律地进行，直至其恢复自主呼吸。

②人工胸外心脏按压：溺水者仰卧于硬板（或硬地）上，头稍后仰，急救者位于一侧，右手掌根部放在其胸骨下段（中、下 1/3 处），左手放在右手背上，两手掌根重叠，十指相扣，借急救者上半身重量和肩臂部肌肉的力量用力按压（注意不能用力太猛，以防骨折），按压幅度以胸骨下陷 4 厘米左右为宜，然后放松（掌根不要离开胸壁）使胸骨复原。反复并有节律地进行（成人每分钟 80~100 次，儿童每分钟 100~120 次），直至心跳恢复。

③特别说明：在做徒手心肺复苏术的时候，人工呼吸与胸外按压是呈比例进行的，不管是单人抢救技术还是双人抢救技术，呼吸按压比都是 2∶30，即人工呼吸 2 次后，进行心脏胸外按压 30 次，这样为一个循环，如此反复。一般经过 5 个循环（即一个周期），也就是大

概2分钟以后，检查一次溺水者颈动脉搏动情况，如果溺水者心跳没有恢复，则继续下一个周期复苏，直至溺水者复苏或有其他人员接替。

4. 侧卧保暖

复苏以后去掉溺水者的湿衣，用干净的衣物为其保暖，并采取侧卧位，或将溺水者的头偏向一侧，以利于呕吐物流出。

5. 联系急救

在现场施救的同时，尽快联系急救中心，由专业救护人员接替复苏抢救，苏醒后转送溺水者去医院实施进一步复苏后救护。

三、拥挤踩踏事故的防范措施

近年来，校园内外踩踏事件时有发生，不断为我们敲响警钟。发生拥挤踩踏事件的原因主要有：①人群较为集中时，前面有人摔倒，后面人未留意，没有止步；②人群受到惊吓，产生恐慌，如听到爆炸声、枪声，出现惊慌失措的失控局面，在无组织、无目的的逃生中，相互拥挤踩踏；③人群因过于激动（兴奋、愤怒等）而出现骚乱，易发生踩踏；④因好奇心驱使，专门到人多拥挤处去探究竟，造成不必要的人员集中而发生踩踏。大学生如果具有一定的安全意识，认真遵守公共场所和学校的各项规章制度，就能够有效避免此类事件的发生。

（1）在校园内上课、下课时，不要急于抢先上下楼。不在楼梯或狭窄通道嬉戏打闹，人多的时候不拥挤、不起哄，不制造紧张或恐慌气氛。

（2）尽量避免到拥挤的人群中去，不得已时尽量走在人流的边缘。左手握拳，右手握住左手腕，双肘与肩平行，稍微弯下腰，双肘在胸前形成牢固而稳定的三角保护区，低姿态前进。

（3）在人群中走动时，遇到台阶或楼梯，尽量抓住扶手，防止摔倒。

（4）发觉拥挤的人群向自己的方向走来时，应立即避到一旁，不要慌乱，不要奔跑，避免摔倒。

（5）一旦发现自己被人流裹挟，要顺着人流走，切不可逆着人流前进，否则很容易被人流推倒。

（6）假如陷入拥挤的人流，一定要先站稳，身体不要倾斜失去重心，即使鞋子被踩掉，也不要弯腰捡鞋子或系鞋带。有可能的话，可先尽快抓住坚固可靠的东西慢慢走动或停住，待人群过去后再迅速离开现场。

（7）若自己不幸被人群拥倒后，要设法靠近墙角或侧躺在地。双手在颈后紧扣，护住后脑和后颈部，两肘向前，护住双侧太阳穴，双膝尽量前屈，护住胸腔和腹部的重要器官。

（8）在拥挤的人群中要时刻保持警惕，当发现有人情绪不对，或人群开始骚动时，要做好准备保护自己和他人。

（9）在人群骚动时，脚下要注意，千万不能被绊倒，避免自己成为拥挤踩踏事件的诱发因素。

（10）当发现自己前面有人突然摔倒了，要马上停下脚步，同时大声呼救，告知后面的人不要向前靠近，及时分流拥挤人流，组织有序疏散。

四、猝死的预防措施

猝死是指平时貌似健康的人，在出乎意料的短时间内，因自然疾病而突然死亡。猝死是由体内某种潜在性疾病或机能障碍而引起的，属因病变所致的急骤死亡，可发生于任何年龄阶段的男女。近年来，猝死的对象逐渐转向中青年，除了本身疾病的原因，不良习惯也是猝死的主要原因。引发猝死的常见不良习惯有吸烟、酗酒、生活作息不规律、长期熬夜、工作压力大而没有得到释放等。因此，青年大学生做好猝死的预防也十分必要。

（一）参加体育锻炼一定要量力而行

运动猝死者中多数都有心脏疾病，喜欢运动的学生最好定期进行心肺功能的全面检查。运动强度要循序渐进，避免平时不运动，偶尔突然超负荷运动，运动时一定要选择与自身体力相适应的项目。运动过程中要注意补充水分，如果出现胸闷胸痛、心慌气短等不适状况，一定要逐渐降低运动强度，让身体得到充分休息。

（二）养成良好的饮食习惯

日常饮食要注意多吃富含植物纤维的蔬菜和粗粮，增加维生素的摄取量，控制甜食，少吃含盐分多的食物，少吃腌制食物和煎炸食物，不要快速喝很多冰凉饮料，以防发生冠脉痉挛。切忌暴饮暴食，因为人在过量进餐后，胃肠道需要大量的血液消化食物，而流入心脑血管的血液大大减少，很容易诱发心、脑疾病。另外，长期饱食的人还容易肥胖。

（三）不抽烟、少喝酒

抽烟、喝酒也是诱发猝死的一个原因，特别是喝酒。酒精会引起心率加快、血压升高等心血管的问题，长期饮酒还会导致心脏衰竭。因此，为了个人的身体健康，饮酒要适可而止，一定要有节制。

（四）防止身体过度劳累

大部分猝死的案例都是身体过度劳累，如超时工作、学习、娱乐引起的。可以说熬夜或过劳都是猝死的关键原因。大学生在学习之余要注意休息，劳逸结合，特别注意不能经常熬夜学习，不能通宵玩电脑、打游戏。

（五）注意保持良好的心态

持续过大的心理压力是猝死的重要诱因，尤其是对于毫无症状的猝死者来说，往往伴随很大的心理压力。因此，大学生应尽量让自己保持平和的心态，学会一定的解压方法，通过参加运动、听音乐等方式进行自我调节和放松，避免经常情绪不稳和精神过度紧张。

五、雷击事故的预防措施

雷击对人体的伤害非常严重，人一旦遭遇雷击非死即伤。大学生应从以下几方面入手做好防雷击工作。

（1）雷雨天尽量减少户外活动，不要在运动场等空旷区域行走，在空旷场地也不宜打伞。

（2）打雷时尽量不要使用固定电话、对讲机和手机，以免雷电顺电磁波击中人体。

（3）尽量不要靠近户外的天线、电线杆、旗杆等金属物体。

（4）打雷时不要在孤立的大树、高塔、电线杆、变压器下避雨。

（5）不要停留在水陆交界或山坡与平地过渡地带。

（6）不要使用淋浴器。因为水管与防雷接地相连，雷电流可通过水流传导而致人伤亡。

（7）雷电发生时尽量关闭门窗，不要靠近暖气片、金属管道、铁丝网、建筑物外墙等。

（8）尽量停止使用电视机、电吹风、电熨斗等电器，拔掉电源插头，防止雷电从电源线入侵。

（9）如雷声就在附近，应停止奔跑或行走，双脚并拢下蹲，待雷声远去，再寻找避雨地点。

知识链接

被雷击伤人员的救护方法

（1）若伤者遭受雷击后衣服着火，救助者应马上让伤者躺下，使火焰不致烧伤其面部。向伤者身上泼水，或者用衣服、被子等把伤者裹住，扑灭火焰。

（2）若伤者失去知觉，但有呼吸和心跳，则伤者有可能自行恢复。救助者应让其舒展平卧，安静休息后送医院治疗。

（3）若伤者已停止呼吸和心跳，这有可能是“假死”，此时应采取紧急措施进行抢救。救助者先对其进行口对口人工呼吸，然后对伤者进行胸外心脏按压，并迅速拨打120急救电话，或送附近医院进行抢救。

六、地震时逃生自救的方法

在自然灾害中，地震是一种影响人类并带来伤亡的重大灾害。2020年1月，国家地震台网盘点2019年地震活动发现，2019年地震灾害造成我国19人死亡、427人受伤。其中，我国大陆地区发生地震灾害事件13次，造成17人死亡、411人受伤，直接经济损失约59亿元。灾害最严重的地震为四川省宜宾市长宁县6.0级地震，震级最大的地震为西藏墨脱6.3级地震。台湾地区地震灾害造成2人死亡、16人受伤。2019年，我国大陆地区有7个省份受灾，但人员和经济损失主要集中在四川省。

人类至今尚未完全掌握地震成因及其孕育过程，也还没有找到完善的预报方法。地震一旦发生，生死存亡就在瞬息之间。所以，大学生应当学习、掌握应急避震知识，万一遭遇强震，就能减少自己和家人的生命危险。

（1）地震发生时如果正在室内，要选择在坚固的家具下面和旁边，紧贴内部承重墙或空间小、有管道支撑的地方进行躲避。要远离玻璃制品、建筑物外墙、门窗、周围没有支撑物的地板或床、可能有坠落物体的地方。注意不要跳楼，不要进电梯，不要躲在外墙窗户下。

地震停止后，应迅速、有序地撤离到室外开阔地带。脱险后不要再回建筑物内取东西，防止受到余震袭击。

（2）地震发生时如果正在室外，要选择空旷处作为室外避险地点，注意观察周围地形，远离高大烟囱、电线电缆、高大建筑、广告牌和存有危险品、易燃易爆物品的地方，也不要在狭窄的街道、雨棚、高墙附近逗留。

（3）地震发生时如果正在野外，要尽量避开山脚、陡崖、山谷，注意滚石和滑坡的出现，尽量避开水岸边，如河边、湖边、堤坝和桥上、桥下等。

（4）地震发生后，首先要冷静观察周围有无通道或光亮，分析判断自己所处的位置，从哪个方位最可能脱险并决定逃生路线，要尽量朝着有光线和空气清新的地方移动。

（5）如果不幸被倒塌建筑物压埋，应先清除头部、脸前、胸前的杂物、灰土，设法保障呼吸顺畅。尽量用湿毛巾、衣物或其他布料捂住口鼻，保护好头部，迅速撤出危险地带。

（6）如果暂时无法脱险，应首先设法清除压在身上的重物，用砖块、木板支撑身体上方的断壁残垣，避免进一步塌落。可用物品敲打墙壁、管道引起救援人员的注意，切忌盲目呼喊，当听到有人在上方活动时再大声呼喊。要节约使用水和食物，尽量延长生存时间，等待救援。

第六节　暴力恐怖活动中的人身伤害

《中华人民共和国反恐怖主义法》规定，恐怖主义是指通过暴力、破坏、恐吓等手段，制造社会恐慌、危害公共安全、侵犯人身财产，或者胁迫国家机关、国际组织，以实现其政治、意识形态等目的的主张和行为。恐怖活动是指恐怖主义性质的下列行为：①组织、策划、准备实施、实施造成或者意图造成人员伤亡、重大财产损失、公共设施损坏、社会秩序混乱等严重社会危害的活动的；②宣扬恐怖主义，煽动实施恐怖活动，或者非法持有宣扬恐怖主义的物品，强制他人在公共场所穿戴宣扬恐怖主义的服饰、标志的；③组织、领导、参加恐怖活动组织的；④为恐怖活动组织、恐怖活动人员、实施恐怖活动或者恐怖活动培训提供信息、资金、物资、劳务、技术、场所等支持、协助、便利的；⑤其他恐怖活动。大学生必须掌握必要的防范知识和技能，尽可能有效遏制和降低暴力恐怖活动对人身的伤害。

一、凶杀事件的应对处置措施

大学生在校外或校内遇到恶性凶杀事件时，一定要反应迅速，沉着应对，具体应做到以下几点。

（1）如果在外出途中，发现有人有一些可疑的行为，不要用怀疑的眼神看他，并及时远离他。

（2）在遇到凶杀事件时，最好捡起身边可以保护自己的物品，并立刻逃离现场。尽量不要往人多的地方跑，先观察自己所处的位置，往一些较宽敞的地方跑，然后躲起来。

（3）当你无法躲避凶杀者时，最好的方法是脱下自己的衣服，拿着衣服对准行凶者拿刀的手甩过去，直到把行凶者的刀甩出去或用衣服包住行凶者的刀。

（4）如果在凶杀事件中，你被行凶者包围了，尽可能用物品保护自己的要害处，然后往行凶者包围圈的薄弱处冲出去。

（5）平时多锻炼身体，多学一些防身的招数，才能在突发事件发生时有应变的能力。

（6）面对凶杀等突发事件时不要围观。不要拿出手机拍照，更不要拿手机追着行凶者录像。

（7）如果自己具备制服歹徒的能力，可以依靠格斗技术去制服歹徒，也可以站出来积极发动周围的群众，依靠广大群众的力量与声势来震慑歹徒。

二、爆炸事件的应对处置措施

炸弹、汽车炸弹、自杀性人体炸弹爆炸等是歹徒实施破坏行动的常见手段。可能携带爆炸物的人员特征：身着肥大外套者，手长时间缩在袖子里或放在兜里者，过于主动“混进”人群反复出入者，主动避开警察监控者。爆炸物可能放置的位置有：标志性建筑物或其他附近的建筑物内外，大型运动会、文艺演出、展览等重大活动场所，体育场馆、影剧院、宾馆、商场、超市、车站、机场、码头、学校等人口相对聚集的场所，行李、包裹、食品、手提包及各种日用品中，宾馆、饭店、洗浴中心、歌舞厅及其他易于隐蔽且闲杂人员容易进出的地点，各种交通工具上，易于接近且能够实现其爆炸目的的地点。大学生在外出时如果发现可疑爆炸物，可以在不触动可疑物的前提下，由表及里仔细地观察，识别、判断可疑物品或可疑部位有无暗藏的爆炸装置；在寂静的环境中，可用耳朵倾听是否有异常的声响；靠近是否可以嗅到异常的味道，如黑火药会释放出臭鸡蛋（硫化氢）的味道，自制硝铵炸药的硝酸铵会分解出明显的氨水味道，等等。发现可疑爆炸物后不要触动，要立即拨打“110”电话报警。如果遇到爆炸，则可采取以下措施应对。

（1）如果在娱乐场所遇到爆炸，应迅速就近隐蔽或者卧倒，寻找简易遮挡物护住身体重要部位和器官，这样可以最大限度降低爆炸所带来的伤害，还可以防止吸入过多有毒烟雾。

（2）如果在商场与超市遇到爆炸，注意避开临时搭建的货架，避免因坍塌造成新的伤害。注意避开脚下物品，一旦摔倒，应设法让身体靠近墙根或其他支撑物。

（3）如果在列车运行期间遇到爆炸，不要有拉门、砸窗、跳车等危险行为，可以依靠车内的消防器材实施灭火。

（4）观察有无二次爆炸及二次伤害可能，切忌惊慌乱跑，这样容易成为袭击者的目标，或受到二次伤害。如果身上着火，不要奔跑，应就地打滚或用厚重衣物压灭。

（5）按照警方和有关人员的示意和指挥迅速有序撤离爆炸现场，不要因顾及贵重物品而浪费宝贵的逃生时间。

（6）撤离时，要注意观察周围的安全疏散指示和标志，迅速选择最近的安全出口有序撤离现场，不要盲目跟从人群逃离，避免拥挤、踩踏造成伤亡。

（7）在现场或撤离途中，不要用打火机点火照明，以免造成再次爆炸或燃烧。在条件允许的情况下，实施必要的自救和救助他人的措施。

（8）迅速拨打“110”电话报警，并注意观察现场的可疑人员和可疑物品。如有可能，进行照相或录像，积极为警方提供线索。客观详细地向警方描述事件发生、发展的经过，协助警方进行调查取证。

三、纵火事件的应对处置措施

（1）乘坐公共汽车遇到纵火恐怖袭击时，如果着火部位在公共汽车的中间，则用毛巾或衣物遮住口鼻，从两头车门弯腰低姿有秩序地快速下车。如果火焰小但封住了公共汽车的车门，则用毛巾或衣物遮住口鼻，弯腰低姿快速从车门冲下。如果公共汽车的车门开启不了，则应迅速砸开就近车窗翻身下车。如果自己身上的衣服着火了，则应迅速脱下衣服，用脚将火踩灭，或请他人协助用厚重的衣物压灭火苗。

（2）乘坐火车遇到纵火恐怖袭击时，要听从火车上工作人员的指挥或车厢广播的指引，不要盲目拥挤、乱冲乱撞。在火车停稳后，可尽快利用车厢两头的通道有序撤离，或用坚硬的物品将火车窗户的玻璃砸破，通过火车窗户逃离现场。

（3）在商场购物遇到纵火恐怖袭击时，应迅速撤离到地面及其他安全区域。如果商场的疏散通道已被大火阻断，则应尽量想办法延长生存时间，可躲入商场内的卫生间，用水泼湿毛巾、衣服等，将门缝塞紧，等待消防员前来救援。如果商场着火的火势不大，则可和其他人员一起采取一切可能的措施将火扑灭。

四、投毒事件的预防措施

投毒事件的受害人牵涉面广，社会影响恶劣，应当引起大学生的高度警惕。大学生防范投毒事件应从以下几方面做起。

（1）增强法制观念，在国家法律法规和学校规章制度范围内要妥善处理与教师和同学之间的矛盾冲突。

（2）掌握一定的与人沟通的技术和心理调适的技巧，学会换位思考，理性调整自己的心态，遇事切勿走极端，不要采取过激的行为。

（3）在与同学交往的过程中，对同学存在的缺点和问题，可善意地指出，建设性地给予帮助，不要妄加评判，更不要嘲笑或孤立同学。

（4）对确实存在心理问题的同学，应及时将有关情况向学院或学校有关部门反映，以便及时采取干预措施，避免问题扩大化。

五、恐怖信件的应对处置措施

恐怖信件一般包括邮件（包）炸弹或生化病毒信件。邮件（包）炸弹通常是由恐怖分子用信件或包裹把炸弹或者燃烧装置送至目标，制造爆炸。邮件（包）炸弹的破坏威力相对较小，其目的是伤害特定人员和引起人们精神层面的不安定。生化病毒信件与邮件（包）炸弹的原理基本一致，即将染有病毒的信件寄送给特定目标，意图通过感染特定目标，造成大范围人员的高度恐慌。随着科技的发展和新技术的普及，邮件（包）炸弹的体积越来越小，防探测性越来越强，隐蔽性越来越高，而生化病毒信件也开始逐渐被恐怖分子所采用。面对这种恐怖威胁的形式，大学生应该有充分的认识和高度的警觉。

（1）收到陌生或可疑邮件时，应仔细核对寄件人的姓名、地址，对于邮寄地址及署名模糊的可疑邮件要有警惕性，不要轻易打开。因为一般的邮件（包）炸弹都以松发开关作为引爆装置，所以尽量避免开启或剧烈晃动，可用手指摸、对光照，但不要嗅、舔。不能确定时，应立即向学校保卫部门报告。

（2）发现有粉末状异物时，应立即停止操作，用塑料袋密封好并不要移动，然后立即向学校保卫部门报告，并及时对双手及接触邮件的部位进行消毒。

（3）计算机和手机上发现恐怖电子邮件和恐怖短信时，要及时向学校保卫部门报告，不要随意删除电子邮件和短信，以免造成证据消失。

第三章 财产安全

第一节 防止被盗

一、校园内盗窃案的特点

（一）盗窃目标的准确性

大学生被盗物品一般包括现金、身份证和银行卡，笔记本电脑或电脑硬盘、CPU 等台式电脑硬件，手机、平板电脑、数码相机等电子产品，衣物等生活用品，以及其他值钱的物品。学生的钱财或贵重物品常放在什么地方，有没有锁在箱子中或柜子里，钥匙放在何处，作案分子十分清楚，不动手便罢，一旦动手，常常十拿九稳。

（二）实施盗窃时间上的选择性

盗窃者在有人的情况下是不行窃的，作案必然选择作案地点无人的间隙实施盗窃。例如，上课期间，学生都去教室上课了，作案人便会光顾宿舍。早上，宿舍门开着，部分学生离开，部分学生熟睡的时候，作案人便会趁机而入。周末或节假日期间也是大学生财物容易被盗窃的时间。

（三）盗窃地点的特殊性

一般来说，学生宿舍、食堂、教室、图书馆等公共场所是高校盗窃案件多发地。其中，学生宿舍是盗窃案件发生率最高的地方。

二、预防盗窃

（一）宿舍防盗

在宿舍内，大学生要注意以下几点防盗措施。

（1）长时间离开宿舍应将宿舍门窗关好。如果宿舍门锁仅为挂锁，最好更换。最后离开宿舍的学生要特别注意关窗、锁门。平时养成随手关窗、锁门的习惯。

（2）短时间离开宿舍，如上厕所、去洗手间洗漱或者到其他宿舍串门，也要随手锁门。

（3）不要随手将手机、钱包、平板电脑、数码相机等容易拿走的贵重物品放在桌面或床上，应尽量锁好。

（4）现金不要放在宿舍，应及时存入银行，随用随取。

（5）有陌生人来访要特别注意，不要让视线离开其行动范围。见到形迹可疑、在宿舍楼里四处走动、窥探张望的陌生人，要主动询问，即使不能当场抓住盗贼，也能使盗窃分子感到无机可乘，客观上起到了预防作用。

（6）不要将钥匙和证件等乱放，并且不能将钥匙借给他人。

（二）在食堂、教室、操场的防盗

在教室学习和食堂就餐时，很多学生习惯用书包占位置，从而给小偷以可乘之机。防范的方法如下。

（1）就餐时，书包尽量放在双腿上，或者将书包或包带挎在肩上或手上。

（2）如果需要用书包占座位，包中的贵重物品，如手机、钱包、相机等一定要拿出来。如果是几个同学一起用餐，可以轮流打饭。

（3）在食堂排队打饭时，不要将手机或者钱包放于上衣的外口袋及裤子的后袋中，随身的背包、挎包都要移到身前。

（4）在教室午睡或去厕所、外出打电话时，应该携带或找同学帮忙看管自己的贵重物品，以防一觉醒来或外出归来时，书包或者书包内的贵重物品丢失。

在操场上运动时，最好把手机和钱包集中放在一起，并找专人帮忙看管，尽量到相对封闭的场馆运动。

（三）外出时防盗

（1）外出采购、游玩时尽量不要携带大量现金和贵重物品，如必须携带大量的钱款，最好分散放置在内衣口袋里，外衣只放少量现金以便购买车票或零星物品使用。不要把钱包放在身后的裤袋里。不管是吃饭、购物还是拍照，包都不能离身，至少不能脱离视线。

（2）等车时注意身边的人，特别是那些公交车一靠站就故意拥挤却不上车的人。对手里拿报纸、雨伞、塑料袋等物品，多次重复上下车且行为反常的人也要特别注意。在上下车时，一定要自觉遵守站台、车厢秩序，按顺序上下车，不要为争抢座位、急于下车而拥挤，造成站台、车厢秩序混乱，给犯罪分子以可乘之机。

（3）乘车前准备好零钱，使用完手机后要立即放回随身携带的包内，贵重物品应尽量放在贴身口袋内，不要置于包的底部或边缘，以免盗贼将包割破盗走钱物。上车前检查手提包的拉锁，系好衣扣，不给盗贼作案的机会。不要在站台上清点财物，不要在车上翻钱包。乘车时，包应放在身前。当司机重复“车厢里人多拥挤，请大家保管好随身物品”“请大家往里走，不要挤在门口”等类似用语时，要领会到可能是防盗暗语，应提高警惕，保护好自己的物品。

（4）在人多杂乱的地方不要数现金，以免被扒手盯上。同时，也不要因不放心而经常触摸放钱的地方，以免引起扒手的注意。

（5）乘出租车下车时，要注意清点自己随身携带的物品，以免因忙于聊天或急于办事而把物品丢在车上。另外，乘出租车应索要小票，这样遗失物品时便于寻找。

（6）在列车上不要吃喝陌生人的食品、饮料，一旦发现可疑的人或事要注意观察并勇于向列车乘警报告。多人一起旅行时，应轮换睡觉，轮流看护行李。如一人旅行，尽量避免睡得太沉，应加强警惕，看管好自己的行李。扒手常常在后半夜趁旅客熟睡、疏于防范时伺机扒窃。

（四）银行卡、存折等的防盗

（1）存折和银行卡的密码及卡号要保密。银行卡要随身携带，但不能与自己的身份证和密码放在一起保管。

（2）存折和银行卡的密码最好不设为自己的出生日期或电话号码，防止被他人破解密码，盗取存款。

（3）在自动取款机取钱时要警惕他人站在背后偷记卡号和密码。

（4）网上银行有一定风险，如必须使用，一定要使用安全的网络，防止他人利用木马程序盗取账号和密码。

三、发生盗窃后的应对措施

（1）保护现场，及时报案。一旦发生被盗案件，不要惊慌失措，应迅速组织在场人员保护好现场，并及时向学校保卫部门报告，不得先行翻动、查看自己的物品，否则会将现场有关的痕迹或物证破坏，不利于调查取证。

（2）如果发现存折、银行卡或汇款单失窃，要马上去银行挂失。

（3）如果与盗贼狭路相逢，不妨机智周旋，尽量避免发生正面搏斗。可反锁门，寻求帮助，也可虚张声势，假装与友人在一起。

（4）如果发现可疑人员，一定要沉着冷静，应主动上前询问，一旦发现其回答有漏洞，要设法将其稳住，必要时组织学生围堵，并及时向有关部门报告，防范盗贼狗急跳墙，造成人身伤害。在无法当场抓获盗贼的情况下，应记住盗贼的特征，包括年龄、性别、身高、体形、相貌、衣着、口音、动作习惯、佩戴首饰等，以便向公安部门提供破案线索。

（5）应当积极配合公安部门的调查取证工作。有的人对身边发生的案件采取事不关己、高高挂起的态度；有的人在调查人员询问时不敢提供有关情况，怕遭受打击报复、怕影响同学的关系；等等。这些都是错误的，会给侦查破案工作带来许多困难，往往也贻误了破案的最好时机，使犯罪分子逍遥法外，继续作案。

第二节　校园诈骗

目前社会上的诈骗手法可谓五花八门，但从其实质归纳起来主要有三类，即震撼型、感情型、诱惑型。震撼型主要是指谎称有很紧急、危险的事情发生，让被害人一开始就陷于情绪的紧张和焦急之中，失去冷静状态下的正常辨别能力，从而按照骗子设计好的套路一步步地陷入骗局；感情型主要是指利用人与人之间的亲情、爱情、友情来行骗，当然这些“情”都是骗子虚构出来的，真正的亲人、爱人、朋友是不会欺骗你的；诱惑型主要是指以虚假的或少量的利益相诱惑，让被害人欣喜若狂，觉得有利可图，从而进入骗子的圈套。由于大学生的社会经验不足，诈骗者的诈骗手法相对来说以契合学生心态的惯用伎俩为主，根据不同的情况、使用不同的方式对学生进行诈骗。校园内诈骗案件有以下几个特点。

（1）流窜作案，难以确定案发地点。诈骗案件犯罪分子的活动规律是流窜犯罪、活动作案，往往跳跃几个校区作案，难以确定犯罪现场。

（2）危害严重，损失大。诈骗案是一种危害严重的侵财犯罪，这些案件一旦发生，其财物损失数目之多，金额之大，在同类犯罪中占首位。

（3）顾全名誉，隐情不报。校园诈骗案的受害人中，有许多文化层次较高的学生，他们由于轻信谎言而上当受骗，一旦醒悟过来发现被骗则懊悔不已，但又觉得自己被骗子荒诞无比的谎言所迷惑，声张出去有失体面。

（4）动机不明，定性困难。诈骗案件是一种手段多样、情节复杂的疑难案件，在司法实践中，有些诈骗案件的动机不明显，往往与其他经济案件相混淆，难以定性。

一、大学生被骗的常见类型

（一）校园贷款时被骗

近年来，大学生因参与“校园贷”引发的悲剧屡见报端，并在全国范围内造成了恶劣影响。为何这类行为屡禁不止，不断有大学生走上“校园贷”的道路？据调查，进行“校园贷”的学生中有的喜欢超前消费、追求物质享受。现在消费水平高，很多大学生感觉生活费不够用，于是通过“校园贷”贷款。如果还贷出现逾期，将被贷款平台收取高额的利息和手续费。2017 年 5 月 27 日，中国银行业监督管理委员会（2018 年 3 月被取消）、中华人民共和国教育部、中华人民共和国人力资源和社会保障部联合印发《关于进一步加强校园贷规范管理工作的通知》后，一些网贷平台的线下代理店逐步退出高校市场，在 APP 和网站上也陆续关闭大学生注册通道。不过，也有一些平台“换汤不换药”，停止网络贷款，但有消费贷款。大学生通过分期还贷的形式，也可以超前消费。大到购买电脑、手机、教育培训，小到话费充值、电影购票，不少学生喜欢选择分期。此外，还有一些大大小小的本地金融贷款机构仍“潜伏”在大学生群体中，通过私下或社交平台、QQ 群等渠道拉拢大学生贷款。受骗于“校园贷”的大学生，不少是因为想做兼职或开微店等“微创业”需要周转资金而上当受骗。“花明天的钱，圆今天的梦。”看似方便快捷的各类“校园贷”背后，往往是“利滚利”的高利贷。因此，参与校园借贷的大学生一定要选择合法的、正规的、有营业资质的借贷平台，并注意留存凭证以备维权。不要将自己的身份信息借给他人使用，不要帮助他人开立账户或注册信息。准确衡量自己的经济实力，按照自己的偿还能力选择借贷金额。

（二）招聘诈骗

诈骗分子常利用部分大学生急于就业或兼职的心理，以安排工作、岗位培训等名义向应聘者骗取报名费、资料费、体检费、服装押金、上岗前培训费等。

（三）外借身份证、学生证时被骗

诈骗分子常利用他人的身份证或学生证，在银行设立账号，实施诈骗。如果暴露，最先被追查的往往是身份证的主人。

（四）“交友”诈骗

诈骗分子常寻找机会通过网上交友骗取大学生信任，然后编造谎言进行诈骗。

（五）冒充行骗

嫌疑人冒充公安等职能部门人员，声称能为事主办妥一些难事，从而骗取定金；嫌疑人间接盗取受害人个人资料后，谎称自己是公安民警，因查案需要让受害人将手机关机几小时，在受害人关机期间，给受害人的外地家人打电话称受害人受伤住院，现需要汇钱，并留下账号，钱一旦汇入账号，将立即被取走，不知去向。

二、预防诈骗

（一）提高警惕

大学生要提高警惕，具有反诈骗的意识，尤其是对陌生人，不可轻易相信，要注意保护好自己的私人信息，特别是家里的电话号码，不能轻易泄露出去。

（二）交友要谨慎，避免以感情代替理智

与人交往要区别对待，保持应有的理智。对熟人或朋友介绍的人，要学会“听其言，察其色，辨其行”。对于初相识的朋友，不要轻易相信，更不能言听计从，受其摆布。对于那些心怀鬼胎、居心不良的人，交往要小心，尽量不为他们提供单独行动的时间和空间，以避免给犯罪嫌疑人创造作案条件。

（三）服从校园管理，自觉遵守校纪校规

为了加强校园管理，学校都制定了一系列管理制度。制度是用来约束人们行为的，在执行过程中可能会给学生带来一些不便，但是制度却是必不可缺的，大学生一定要认真执行有关规定，自觉遵守校纪校规，积极支持有关部门履行管理职能，并努力发挥出自己的应有作用，以防止闲杂人员和犯罪嫌疑人混入校园作案。

（四）切忌贪小便宜

对一些不熟悉的人所许诺的利益，要经过深思和调查。克服贪小便宜的心理，行骗者就不会有可乘之机。

（五）小心传销

用人单位以招聘直销人员的名义登载招聘信息，让求职者交纳一定的产品费用并介绍更多的人从事此工作，此举多为传销，其骗人的“一夜暴富”论害人害己。

（六）防范手机诈骗

目前手机在大学生中的使用相当普遍，大学生手机用户要加强防范意识，特别是涉及对方要求存入钱款、提供现金、提供财物的，应确认通话人是否为手机机主，不宜简单地以来电号码判断对方身份。一些不法之徒经常大量群发代办文凭、证照及通知中奖之类的短信息，有些社会经验不足的学生便轻易相信，一步一步地走进犯罪嫌疑人事先设置好的陷阱。

（七）同学之间相互沟通、相互帮助

在大学里，无论哪个学院、哪个专业，班集体都是一个最基本的组织形式。在这个集体中，大家有着共同的学习目标，同学间、师生间的情谊弥足珍贵，因此彼此应该加强沟通，互相帮助，分享经验。特别是在觉得可能会吃亏上当时，与同学沟通或许会得到一些帮助并

避免受害。

三、诈骗案件的应对措施

（1）诈骗犯罪分子总是心虚的，因此，大学生在交往过程中一旦发现对方有疑点，就应当果断采取应对的措施，切不可轻率从事，受骗上当，应观察判断，有效识别。在发现对方疑点时，要保持清醒的头脑，仔细地观察对方的神态表情、举止动作的变化，辨别对方的言谈真伪，查看其所持的证件及有关材料与其身份是否吻合。必要时可以找同学或相关人员商量，听取他人的意见和忠告，或者通过对方提供的电话、资料予以查证核实。

（2）巧妙周旋，有效制止。在发现疑点无法确定真假而又不愿意轻易拒绝时，要有礼有节，采取一定的谈话、交往策略，注意在交往中发现破绽，通过与其周旋印证自己的猜测。必要时，还可以采取一些威胁的言辞，使对方心存顾忌，不敢贸然行事。

（3）平静内心，及时报案。受害人无论是否因为自己的过错（如贪财、无知、轻信、粗心大意）而受骗，都要保持积极的心态，从受骗的噩梦中回到现实，吸取教训，及时向有关部门报告，切勿“哑巴吃黄连，有苦肚里咽”。

（4）提供线索，配合调查。已经被骗并向有关部门报告的，要注意对作案人员遗留下来的文字资料、身份证件、电话号码等证据予以保留，并积极向学校保卫处和公安部门提供诈骗嫌疑人的体貌特征、与其交往的经过等线索以配合调查，协助公安机关在诈骗犯可能出现的地点进行秘密寻找和辨认，一旦发现立即将其扭送到公安机关，以便及时追缴被骗的财物。

第三节　网络诈骗

随着互联网基础设施建设的不断完善，互联网服务范围不断拓展和渗透，我国网民规模呈不断增长趋势。根据中国互联网络信息中心（CNNIC）在京发布的第 51 次《中国互联网络发展状况统计报告》显示，截至 2022 年 12 月，中国网民规模达 10.67 亿，较 2021 年 12 月增长 3 549 万，互联网普及率达 75.6%。据中商情报网讯：截至 2022 年 12 月，我国网络购物用户规模达 8.45 亿，较 2021 年 12 月增长 319 万，占网民整体的 79.2%。网络购物与互联网支付已成为居民的主要生活方式之一。

网络交谈、网络购物、互联网支付、网络转账等线上操作方式的普及，极大地方便了人们的日常生活，同时网络的虚拟性特征也给违法犯罪提供了空间。第 51 次《中国互联网络发展状况统计报告》显示，截至 2022 年 6 月，在网民遭遇的各类网络安全问题中，遭遇个人信息泄露的网民比例最高，为 21.8%；其次是网络诈骗，为 17.8%。

一、网络诈骗的特点

网络诈骗是指违法犯罪分子利用网络平台，通过伪装身份并编造虚假信息，对受害人实施远程、非接触式诈骗，诱使受害人给违法犯罪分子转账或汇款。与传统的街面诈骗形式相比，网络诈骗既有相似的部分，如虚构事实、伪装身份、以非法占有财物为目的等，此外网络诈骗也有自己的一些特点。

（一）无接触

整个诈骗过程中违法犯罪分子与受害人无现实中的接触行为。

（二）虚拟性

违法犯罪分子实施诈骗活动时都须借助网络平台，虚拟个人身份，虚拟事实，骗取受害人的信任。

（三）非现金性

受害人最终都通过网络转账或者 ATM 转账的方式向违法犯罪分子提供的账户转入资金。

（四）诈骗手段翻新速度快

从最开始的群发信息发展到网上的任意显号软件，从最原始的中奖诈骗到网上兼职、淘宝刷单，从前几年的幸运观众到最近火爆的“锦鲤”等，诈骗分子不断地更新、升级骗术，花样翻新速度快、频率高，常常利用最新的热点设计骗局，令人防不胜防。据公安机关调查显示，平均一两个月就会产生一种新型骗术。

（五）诈骗信息发布范围广

诈骗分子借助互联网技术和现代高科技设备，往往只需动一动手指，就能在很短的时间内将诈骗信息地毯式地发送给某一个群体或者某一个地区的所有用户，呈现出发布范围广、侵害面积大等显著特征，社会影响非常大。

（六）诈骗对象具有特殊性

诈骗分子虽然采取漫天撒网的形式发布诈骗信息，但实际上犯罪分子瞄准的诈骗对象具有特殊性，主要表现为两个方面：一是通过“愿者上钩”的方式筛选掉绝大部分有防骗经验的人员，剩下的主动联系的都为易受骗人群。二是部分诈骗方式针对特殊人群，如兼职刷单的诈骗方式主要瞄准大学生群体，冒充公检法人员的诈骗方式主要瞄准老年群体，退税诈骗主要瞄准购车、购房人员，等等。

（七）诈骗组织趋于集团化

诈骗分子通常通过团伙作案的方式实施诈骗，并逐渐趋于集团化操作模式。诈骗集团内部组织非常严密，具有很强的反侦查能力，成员分工明确：有专门负责编辑“剧本”的，有专门购置通信工具的，有专门收集银行账户的，有专门模仿“客服”等工作人员的，还有专门负责转移资金的，等等，甚至各“部门”或成员之间都保持隔离，这为公安机关的打击带来了很大的困难。

通常情况下，拥有以下心理特征的人员易被违法犯罪分子利用而遭遇诈骗。

（1）同情心、怜悯心泛滥。

（2）喜欢贪图小便宜。

（3）容易轻信他人。

（4）好逸恶劳、急功近利。

（5）懒于思考和辨别。

二、网络诈骗常见类型

（一）网络兼职诈骗

违法犯罪分子常常利用大学生想在空闲时间赚点零花钱的心态，设置网络兼职陷阱，最常见的主要有以下两种形式。

第一种是通过设置多层门槛的方式骗取受害人的资金。首先要求成为会员并缴纳费用后才提供兼职信息，其次要求缴纳一定的保证金，随后要求填写个人信息，并设法套取受害人的验证码等私密信息，最后要么“拉黑”受害人，要么给受害人介绍一些无法完成或不愿完成的工作让受害人主动放弃。

第二种是以兼职“刷单”返佣金为名骗取受害人的本金。违法犯罪分子一般在受害人完成第一单操作时，会故意返还本金和5%左右的佣金来骗取受害人的信任，随后会以各种理由要求受害人不断地增加刷单次数和刷单总金额，直至受害人意识到被骗为止。

上述两种诈骗形式套路完全不同，但都有一个共同的特征——要求受害人垫付资金。

（二）冒充身份诈骗

冒充身份诈骗是指违法犯罪分子利用网络世界的虚拟性和非接触性等特征冒充他人实施诈骗的一种诈骗类型，其中最为常见的方式有冒充亲朋好友、冒充国家机关工作人员、冒充客服等。

1. 冒充亲朋好友

诈骗分子冒充亲朋好友实施诈骗惯常的几个步骤：第一步是利用黑客技术或其他方式盗取他人的QQ、微信等网络账号，或者利用软件技术模拟他人电话号码，冒充他人；第二步是通过发信息或打电话的方式谎称其遭遇犯罪被抓或因生病、车祸住院等紧急情况；第三步是要求受害人汇款或转账到指定账户。

2. 冒充国家机关工作人员

在冒充国家机关工作人员实施诈骗的过程中，诈骗分子会根据受害人的特征而冒充不同类型的国家机关工作人员。针对老年人，诈骗分子一般冒充公检法公务人员，以受害人涉嫌违法犯罪为由要求受害人配合调查并承诺严格保密，骗取受害人信任后，会以资金冻结为由让受害人将银行卡账户上的资金全部转入指定账户；针对刚买房、买车的人员，诈骗分子会冒充税务机关工作人员，以退税为由要求受害人配合操作，骗取受害人的银行卡信息、验证码信息等。

3. 冒充客服

根据不同的人群特征，不法分子会冒充各种类型的客服人员实施诈骗。针对网络购物人员，诈骗分子会在非法获取购物信息后冒充网站客服，主动说出购物人员个人信息和商品信息获取受害人信任，随后以订单须退款为借口要求受害人配合操作；针对机票购票人员，诈骗分子会冒充机场客服以机票改签为由要求受害人配合操作，提供银行卡号、验证码等私密信息。此外，诈骗分子还经常冒充银行客服、移动公司客服等身份实施诈骗。

（三）虚构中奖诈骗

违法犯罪分子常常借助网络平台，采取“广撒网”的方式，使用伪基站或者互联网技术随机发送虚假中奖信息，坐等“愿者上钩”，一旦有用户拨打“兑奖热线”或通过网络咨询，诈骗分子即以缴纳“个人所得税”“公证费”“转账手续费”等理由让受害人汇款来达到诈骗的目的。如果受害人表示不愿缴纳上述费用想放弃领奖时，诈骗分子甚至会以受害人违反约定须承担法律责任来要挟受害人。

（四）“钓鱼网站”诈骗

“网络钓鱼”是通过垃圾邮件、即时聊天工具、手机短信或网页虚假广告等，发送声称来自银行或其他知名机构的欺骗性信息，意图引诱用户给出用户名、口令、账号 ID、银行卡密码或信用卡详细信息等敏感信息的一种攻击方式。最典型的“网络钓鱼”攻击是将用户引诱到一个精心设计的、与目标组织的网站非常相似的“钓鱼网站”上，并获取用户在此网站上输入的个人敏感信息，通常这个攻击过程不会让受害者警觉。近年来，随着网络购物的快速发展，“网络钓鱼”逐渐成为最常见的网络安全问题。“网络钓鱼”诈骗的作案手段通常有：伪造金融机构网站、伪造电子商务网站、网络中奖钓鱼、植入木马钓鱼等。

（五）木马植入诈骗

“木马”一词最早来源于荷马史诗中的木马计，是指敌方隐藏在木马内部攻入我方内部的计策。在现代社会中，违法犯罪分子通过植入木马程序来达到控制或窃取他人计算机（手机）中私密信息的目的。一般情况下，诈骗分子将木马程序伪装或隐藏起来，通过人为设置陷阱的方式诱骗受害人下载安装携带有木马病毒的软件或程序，从而将木马程序植入受害人计算机中。诈骗分子通常采取以下几种方式诱使受害人安装携带有木马病毒的软件或程序：一是利用人们贪小便宜的心理，以赠送小礼物的方式诱使受害人下载安装。二是利用人们的好奇心理，群发受害人本人或熟人的隐私等话题信息诱使受害人点击链接安装。三是利用人们的关切心理，群发受害人孩子在校表现、成绩等话题信息诱使受害人点击链接安装。

（六）电商诈骗

1. 网络购物诈骗

网络购物诈骗是随着网络购物的兴起而出现的一种新型诈骗形式。它利用学生喜欢接受新鲜事物和社会经验不足的特点，在学生尝试网络购物的过程中实施诈骗。其主要行骗伎俩是：骗子先在各购物网站上发布虚假商品消息，开具极有诱惑力的价格，让人们感到有利可图。例如，在某“购物商城”网站上，一款市场价万余元的手提电脑，骗子标价仅为 4 999 元，通过诱人的价格来吸引网购者。一旦买主受此诱惑，与骗子留下的 QQ、微信、电话号码取得联系，他们就会热情地介绍商品，做出各种承诺，并提供银行账号，要求买家先汇少部分货款。几日后，再伪装成送货者与买家联系，表示货品已送到本地，可马上拿货，诱惑买家支付剩余货款。待买家支付剩余货款后，骗子又以须再汇缴税金、保证金等款项为由，推迟交货，继续哄骗。待买家发现可疑，打电话询问或要求退款时，送货者和网购商家要么继续搪塞，要么干脆不再接听电话。网络购物诈骗的形式还有：骗子低价引诱买家不使用安全的支付工具；收取订金、保证金等，实施连环诈骗；以假充真、以次充好、以不合格商品冒充合格商品、以“水货”冒充正品等。近年来，有不少学生遇到这种情况，犯罪分子冒充购物网站客服或卖家客服，诱骗学生上当，通过信息发送“钓鱼网站”链接的方式，骗取学生登录“钓鱼网站”，根据犯罪分子提示提供验证码，从而通过网银转账，远程实施诈骗。

2. 网购退款诈骗

网购退款诈骗针对性较强，一般针对喜欢在网上购物的群众，其主要形式是诈骗分子冒充电商客服，通过电话或短信的方式与刚刚完成网购的消费者联系，谎称其购买的商品出现交易异常，并在其“指导”下进行交易异常处理，一步一步诱骗消费者进入一个由对方设计好的“钓鱼网站”，在网页上输入账户、密码，骗子则借机进行资金的盗刷。由于骗子准确地知道消费者姓名、购物时间、购物内容，因此在接到诈骗电话时不少消费者就会放松警惕。网购退款诈骗成功的原因在于，诈骗分子不仅知道受害者的电话号码或聊天账号，同时还能准确地说出受害者购买的商品和购买时间。这主要是由于诈骗分子通过木马程序进入购物网站，截取消费者和卖家的交易信息，盗取消费者和卖家的账号，导致消费数据泄露而造成的。

3. 网络购票诈骗

网上订火车票、飞机票以折扣低、方式便捷等优势成为大学生首选的购票方式。网上订票虽快捷便宜，却要提防虚假购票网站暗藏的消费陷阱。嫌疑人往往通过在互联网上虚设“××航空公司网上订票网站”“高仿真 A 货的 12306 网站”，以出售“特价机票、车票”为诱饵吸引受害人，要求受害人向指定账户汇款，但实际并未出票。因该虚假网站网页的用户界面及域名与真的网站极其相似，联系电话貌似正规，接洽人员业务熟练、专业，从而具有较强的欺骗性。嫌疑人在互联网上发布购买火车票、飞机票的虚假信息，一般留有以“800”或“400”开头的客服电话，大学生应确认网站提供电话号码的真实性后再进行订票。网上抢票软件市场鱼龙混杂，还有些完全是“钓鱼网站”，说是能够帮旅客抢票，实际上却是木马病毒。网络“黄牛”会通过高速网络和抢票软件抢票，然后倒卖，有些“黄牛”在交易时会以保障交易为借口，骗取用户的订金、保障金或是预付款，有些“黄牛”印制假的火车票以牟利。与网购退款诈骗一样，网购了火车票、飞机票后也可能遭遇退款诈骗。诈骗分子通过非法渠道窃取购票人信息后，假冒官方客服来电通知购票不成功，需要在其提供的网站上输入银行卡信息办理退票。此时，切勿透露手机收到的验证码，否则银行卡内余额将被清空。

4. 网上分期贷款购手机诈骗

分期贷款网站的兴起，在带来便利的同时，也给了诈骗分子可乘之机，他们利用其中的一些漏洞进行违规操作，利用一些戒备心较弱的在校大学生获取不当利益。诈骗分子以免费给在校大学生办理品牌手机为由，骗取大学生的学籍信息。在获得大学生的学籍信息后，将该信息交给网上操作者。网上操作者在各分期贷款网站进行操作，为这些学生办理分期贷款购机业务。诈骗分子用一名学生的学籍在多个网站办理贷款业务，其中的一部手机给这名学生，其他手机给中介和操作者，而这些手机分期贷款的钱则全部都要由这名学生来还。因此，大学生在与信贷公司、分期付款网站签订协议时，一定要仔细阅读协议内容，并看清每月最低消费额及消费期限等。恶意不履行协议可能构成合同诈骗，是要负相应的法律责任的。

5. 网上代刷信誉诈骗

诈骗者首先会给应聘者下发一两个小额的刷单任务，“按照约定”返还本金和佣金，为的就是“放长线钓大鱼”。随后，诈骗者会逐渐加大刷单任务的数量和金额，同时利用“必须刷满 3 单以上才能结算”或者“卡单”等理由，来诱骗应聘者继续投入本金。如此手法周而复始，直至应聘者生疑不再接单，诈骗者才将其拉入黑名单。刷单是电商平台明令禁止的行为，但生命力顽强，并由此衍生了刷单产业链。360 企业安全集团、360 猎网平台发布的

《2019年网络诈骗趋势研究报告》显示，从相关举报案例分析发现，大学生为兼职诈骗的主要受害人群。在兼职诈骗举报中，打着刷单名义的兼职诈骗占比最多，为72.3%。

（七）网络游戏类诈骗

网络游戏是大学生娱乐休闲的一种方式。网络游戏诈骗通常有以下几类：一是不法分子在游戏中或在购物平台以低价销售游戏币及装备为名，骗取玩家信任后，让玩家通过银行汇款或转账的方式付款，待收到钱款后立即消失。二是不法分子在游戏中发布虚假广告，称可以低价代练装备，获取玩家游戏密码并要求玩家先行支付部分费用，待得到玩家汇款后立即将玩家的装备、游戏币洗劫一空，并立即消失。三是不法分子和玩家谈交易内容时，先拿正品让玩家放松警惕，然后通过延迟和重复交易的手段来消磨玩家的耐心，并找各种借口来消除玩家的警惕心。一旦玩家警惕性放松，则开始更换交易物品。四是不法分子故意起一个和玩家好友极相似的名字，譬如在好友账号名上加些空格或其他特殊符号等，一旦玩家将行骗者误认为是自己的朋友，将游戏中的物品“借”给对方，则玩家的财产就有去无回了。

（八）共享单车扫码诈骗

似乎在一夜之间，橘红色、绿色、黄色、蓝色等各种颜色的共享单车风靡街头，成为街头巷尾的一道风景。但自2017年初以来，全国连发多起共享单车被贴虚假二维码的诈骗事件，用户手机扫描此类二维码后，或被要求直接转账，或被要求下载可疑软件，致使资金账户面临被盗刷的风险。目前共享单车的二维码骗局主要包括以下三种形式：一是单车被贴上收款二维码。骗子在正规二维码旁边贴上微信或支付宝转账二维码，甚至破坏单车原有二维码，直接粘贴骗子收款的二维码。用户一旦没有辨别清楚扫到假的二维码，就会跳转至转账界面。同时，骗子还常常会将自己的收款头像设置成共享单车品牌logo，极具迷惑性。二是“钓鱼网站”诈骗信息。直接转账容易被警惕性高的用户察觉出问题，有些骗子制作出高仿共享单车官方网站的“钓鱼”页面，以完善身份认证等名义诱骗用户主动填写个人身份信息和银行卡资料，从而进一步实施精准诈骗甚至盗刷网银。三是山寨APP藏木马。租用共享单车必须使用租车APP，骗子就设计了假租车APP二维码粘贴在单车上，提示用户“更新”。用户扫码后看似安装了租车软件，其实手机却被植入了木马。

三、网络诈骗的防范措施

（1）给自己的电脑和手机安装杀毒软件，定期杀毒应该成为一种习惯。

（2）不贪便宜。虽然网上东西一般比市面上的要便宜，但对价格明显偏低的要多个心眼，这类商品不是骗局就是以次充好，一定要提高警惕，以免受骗上当。

（3）使用比较安全的支付工具。在网上购物时要仔细查看、不嫌麻烦。要看看卖家的信用值和商品的品质，货比三家。一定要用比较安全的支付方式，而不要怕麻烦采取银行直接汇款的方式。

（4）仔细甄别，严加防范。要注意域名，克隆网页再逼真，与官网的域名也是有差别的，一旦发现域名多了“后缀”或篡改了“字母”，一定要提高警惕。特别是对要求提供银行卡号与密码的网站更不能大意。

（5）千万不要在网上购买非正当产品，如手机监听器、毕业证书、考题答案等，在网上叫卖这些所谓“商品”的几乎百分之百是骗局，不能参与违法交易。

（6）在网上购物，要选择正规、大型的购物网站。设置安全等级高的支付密码，并定期更换，最好选择“密码+校验码”双重验证。

（7）凡是以各种名义要求先付款的信息，不要轻信，不要轻易把自己的银行卡借给他人。

（8）提高自我保护意识，注意妥善保管自己的私人信息，如本人证件号码、账号、密码等，不向他人透露，尽量避免在网吧等公共场所使用网上电子商务服务。

（9）在网站注册账号时，只填带 * 号的必填项，尽量提供最少的信息。

（10）不随意打开陌生邮件，尤其是带附件的邮件或者声称中大奖的邮件。

（11）公共场所的未知 Wi-Fi 一定不要连接。

（12）如今在微信上测性格、运势等的链接泛滥。这些链接通常会要求提供姓名、年龄等基本信息，后台还会直接获取手机号码等信息。

（13）不要把个人隐私照片、数据上传到云端。

（14）尽量不要在网上公开自己的姓名、电话号码和家庭住址等信息。

（15）用户如果发现个人信息泄漏，希望能够删除相关信息时，除了在原网站上要求删除外，还可以通过搜索引擎来查找自己的信息还在哪些地方存在，并一起删除。

第四节　校园贷风险与金融安全

一、校园贷的概念和特点

校园贷，顾名思义是针对学生群体的一款金融产品，是一种学生助学和创业的贷款平台。有些产品宣称，只要是在校学生，网上提交资料、通过审核、支付一定手续费，就能轻松获得贷款。2015 年，中国人民大学财政金融学院信用管理研究中心调查了全国 252 所高校近 5 万名大学生，并发布了《火种计划——全国大学生信用认知调研报告》。调查显示，在弥补资金短缺时，有 8.77%的大学生会使用贷款获取资金，其中网络贷款几乎占了一半。

虽然我国各高校都有针对学费的助学贷款政策，但是，助学贷款申请者必须是家庭困难的大学生群体，对于更多“着急用钱”的普通大学生来说，“短平快”的借钱需求自然催生了五花八门的借贷平台，甚至违法、违规的校园贷业务也大行其道，由此引发的恶性事件层出不穷。大学生群体和成人群体不太一样，他们的金融观念不是很成熟，消费观念也不成熟，因此他们很容易出现不理性消费，或被诱导过度借贷，因此需要对其进行保护。目前，校园贷款类金融产品通常分为以下三种。

（1）专门针对大学生的分期购物平台，部分还可以进行较低额度的提现。

（2）P2P 网络贷款平台，用于大学生助学和创业。

（3）淘宝、京东等传统电商平台提供的蚂蚁花呗、京东白条信贷服务。

二、警惕校园贷背后的陷阱

（一）欺诈诱导学生办理校园贷

信贷公司在向学生群体推销业务时，往往不可能如实告知借款的真实风险，不可能详细告知贷款利息、违约金、滞纳金等收费项目的计算方式和可能金额，反而经常是以“零首付”“零利息”等低门槛、低成本进行欺骗诱导，致使某些涉世不深、自制能力较弱而又消费欲望旺盛的大学生上当受骗，从而既侵犯了金融服务消费者的知情权、自由选择权和公平交易权，又有欺诈诱导和强迫交易之嫌。

（二）以低门槛吸引人，实则高利贷

校园贷的门槛比较低，一般只需要提供身份证信息、电话信息、学生证、学信网信息、父母联系信息等就可以贷款，但是其利息一般比较高。除了分期费率外，平台还会收取高额的逾期费率。大学生分期平台中，超过 55% 的分期平台逾期日费率为 1%，最高的日费率达 3%。若逾期 100 天，欠款就会翻倍。在这种情况下，借款学生一旦逾期，就要尽快还清，否则就会滚雪球般背负沉重债务压力，想不开的，甚至会走上不归路。

（三）拆东墙补西墙，贷款越来越多

面对利滚利的借款，很多学生会不知所措，再加上贷款机构的催收，很多大学生身不由己，这时候要么以各种借口向父母要钱，要么向另一个贷款机构借钱。一旦向其他贷款机构借钱用于偿还上一家机构的贷款，那真正的噩梦就开始了。一般情况下，上一家贷款机构会介绍大学生到另一个贷款机构借钱，从中收取一定的手续费，而下一家贷款机构因为知道这个大学生的借款是为了还上一家贷款机构，所以一般利息会比较高，甚至会截留一部分现金作为所谓的“保证金”。因此，建议大学生尽量不使用校园贷或避免从多个校园贷平台贷款。

（四）传销式诈骗贷

传销式诈骗贷是校园贷诈骗的常见类型，主要是指不法分子借助校园贷款平台招募大学生作为校园代理，并要求发展学生下线进行逐级敛财。判断传销的三个标准是：是否需要上交会费，是否存在诱导发展下线，是否进行逐级提成。大学生应加以识别。

校园贷“刷单”“扫楼”兼职代理过程中，参与学生既是受害者又是作案者，多数学生是在并不知情和利益驱使下被不法分子利用的。参与学生利用校园贷平台进行刷单兼职并逐级发展下线，同时以代理名义骗取学生信息并进行贷款，每成功办理一笔贷款将获取佣金，这实为一种逐级敛财式传销诈骗行为！殊不知，刷单公司大都以无力支付后续款项为由“跑路”，进而导致大学生陷入还款陷阱。

（五）强行逼债

媒体曾曝光了某校园信贷平台催收“十步曲”，分别为：给所有贷款学生群发 QQ 通知逾期，单独发短信，单独打电话，联系贷款学生室友，联系学生父母，再次联系警告学生本人，发送律师函，去学校找学生，在学校公共场合贴学生欠款的大字报，群发短信给学生所有亲朋好友。

三、校园贷风险防范安全提示

早在2016年4月，中华人民共和国教育部与中国银行业监督管理委员会就曾联合发布《关于加强校园不良网络借贷风险防范和教育引导工作的通知》，明确要求各高校建立校园不良网络借贷日常监测机制和实时预警机制。2017年，不少网贷机构暂停或退出了校园市场，校园贷乱象在政府整治和行业自律下初见效果。2017年5月27日，《关于进一步加强校园贷规范管理工作的通知》要求未经银行业监管部门批准设立的机构禁止提供校园贷服务；且现阶段一律暂停网贷机构开展校园贷业务，对于存量业务要制订整改计划，明确退出时间表。同时，杜绝公共就业人才服务机构以培训、求职、职业指导等名义，捆绑推荐信贷服务。面对五花八门的校园贷，大学生应做到以下几点。

（1）自觉树立正确消费观，抵制过度消费或超前消费；加强金融信贷法律知识学习，提高个人金融风险防范能力。

（2）使用校园贷极易引发高利贷、过度借贷、诈骗贷、套路贷等严重危害，建议不要轻易使用校园借贷平台贷款。

（3）确实需要通过校园借贷平台贷款时，要详细了解利率、还款期限等信息，制订合理的还款计划，并与网贷平台签订正规合同。切忌通过虚假宣传、诱导消费、恶意贷款等“不良校园贷”平台贷款。

（4）增强自我安全保护意识，谨慎使用个人信息（身份证号、银行卡号等），不随意泄露个人信息，提防个人信息被他人冒用或从事其他不法借贷行为，谨防上当受骗。

（5）不参与不明“校园贷兼职”，避免部分借贷平台不法分子冒充“熟人”“同学”等进行说服加入校园贷推广或代理行列。当遇到此类情况时，一定要保持理性并提高警惕，切忌为了短期利益而耽误学业甚至触犯法律。

（6）若有临时性资金需求，可通过补助、勤工俭学等正规渠道合理解决，不轻易相信短信、小广告等发送或发布的贷款信息，防止陷入借贷风险。

（7）一旦遇到还款压力或遭遇暴力催债等借贷问题时，应及时向学院、家人寻求帮助，必要时要报警。

四、洗钱与反洗钱

洗钱是指将违法所得及其产生的收益，通过各种手段掩饰、隐瞒其来源和性质，使其在形式上合法化的行为。《中华人民共和国反洗钱法》第二条规定，所谓反洗钱，是指为了预防通过各种方式掩饰、隐瞒毒品犯罪、黑社会性质的组织犯罪、恐怖活动犯罪、走私犯罪、贪污贿赂犯罪、破坏金融管理秩序犯罪、金融诈骗犯罪等犯罪所得及其收益的来源和性质的洗钱活动。

（一）增强反洗钱意识

（1）开办业务时，请带好身份证件。

（2）他人替自己办理业务，请对方出示他（她）的和自己的身份证件。

（3）身份证件到期需更换的，请及时更新。金融机构只能向身份真实有效的客户提供服务，对于身份证件已过有效期的，金融机构可中止办理相关业务。

（二）不要出租或出借自己的身份证

出租或出借自己的身份证件，可能会产生以下不良后果。

（1）他人借用自己的名义从事非法活动。

（2）协助他人完成洗钱和恐怖融资活动。

（3）因他人的不正当行为导致征信状况受到影响。

（4）可能卷入债务纠纷。

（三）不要出租或出借自己的金融账户、银行卡和 U 盾

金融账户、银行卡和 U 盾不仅是进行金融交易的工具，也是国家进行反洗钱资金监测和经济犯罪案件调查的重要途径。贪官、毒贩、恐怖分子及其他罪犯都可能利用个人的金融账户、银行卡和 U 盾进行洗钱和恐怖融资活动，因此，不出租、出借金融账户、银行卡和 U 盾既是对自己权利的保护，又是守法公民应尽的义务。

（四）不要非法买卖银行卡

银行卡及其账户只限经发卡银行批准的持卡人本人使用，不得出租和转借。买卖银行卡违反了银行卡相关法律制度，涉嫌妨害信用卡管理罪和买卖居民身份证罪。银行卡里即使没钱，卖出也会产生如下危害。

（1）如果被用来从事非法活动，将给自己带来巨大的法律风险，甚至要承担刑事责任。

（2）一旦所售银行卡出现信用问题，最终都会追溯到开卡人账户，导致个人信用受损。

（3）银行卡内存储了很多个人信息，如果泄露，可能导致个人资金损失。

第四章 交通安全

交通安全是整个人类社会共同面临的一个重要问题。在人们日常接触的所有系统中，道路交通体系是最为复杂和危险的。交通安全是指不发生交通事故或少发生交通事故的主观条件，即交通参与者要严格遵守交通法规，不因麻痹大意而发生交通事故。只要有行人、车辆、道路这三个交通安全要素存在，就有可能产生交通安全问题。

《中华人民共和国道路交通安全法》对机动车、非机动车、行人和乘车人的通行以及交通事故的处理和法律责任都做出了明确规定，作为一名大学生，很有必要了解和掌握。随着时代的发展，交通越来越发达，便捷的交通给我们的生产、生活带来了极大的便利。但是，我们在享受交通便利的同时也受到交通安全隐患的威胁。随着高校不断地扩招、合并，校园内人流量、车流量也在急剧增加，大学生不仅外出时要注意交通安全，在校园内也应提高警惕。只有严格遵守交通法规，养成良好的交通安全行为和习惯，才能有效地防止交通事故的发生，保障自己的生命和财产安全。

第一节　大学生交通事故的主要类型

大学生交通事故是指大学生及其他在道路上进行与交通有关活动的人员，在校园内及社会道路上，因违反交通管理法规，过失造成的人身伤亡或财产损失的事故，包括大学生过失违章造成自己或他人的人身伤害或财产损失，以及他人违章造成大学生人身伤害或财产损失两种情况。综合分析发生在校园内外的交通事故案例，大学生交通事故主要有以下几种类型。

一、行走时发生交通事故

大学生外出进行购物、游玩、访友、社会实践等活动，因车流量大、行人多，与校园内相比，交通状况更加复杂。大学生缺乏通行经验，尤其是缺乏交通安全意识，则容易导致自身发生交通事故的概率升高。大学校园内的交通虽然不像校外道路那样拥挤，但也存在无专职交通管理人员，上下课时间交通流量大，汽车、摩托车、三轮车、电瓶车、自行车等在校园内来回穿梭等情况。只要稍有疏忽，造成重大人员伤亡的交通事故也容易在高校校园内发生。

二、骑非机动车时发生交通事故

许多学生上大学期间购买了自行车、电瓶车、摩托车，上下课或外出时骑自行车、电瓶车、摩托车在人流中穿行。有的学生骑车飞快，认为校园内没有红绿灯，可以不分上下行道，结果发生交通事故。有的学生无证驾驶无牌照摩托车，并且有时后座上带人，因驾驶技术不佳发生交通事故。据相关部门 2017 年统计，2013—2017 年我国发生低速电瓶车交通事故 83 万起，造成 1.8 万人死亡、18.6 万人受伤，由低速电瓶车引发的事故起数和死亡人数逐年增长，2015—2017 年年均分别增长 23.3%和 30.9%。

三、乘坐客运交通工具时发生交通事故

大学生在放假离校和返校、外出游玩、参加社会实践等活动的途中，要乘坐各种长途或短途的客运交通工具。全国各地高校大学生因乘坐客运交通工具发生交通事故的情况时有发生，有时甚至造成群体性伤亡，教训十分惨重。造成大学生群死、群伤的交通事故，大多与大学生外出游玩有关。有的学生租用非法运营的私人车辆外出旅游，有的学生乘坐旅游公司的车辆外出旅游，途中发生交通事故；还有的学生在乘坐自己、同学、朋友的私家车时，发生交通事故，造成人员伤亡。

四、驾驶车辆时发生交通事故

目前，在校大学生考取驾驶证的越来越多。由于种种原因，大学生驾车时发生交通事故也呈现出上升趋势。个别学生驾车时间短、经验少，遇到紧急情况时缺乏处置能力，手忙脚乱，容易发生交通事故。个别学生违章驾驶车辆，如酒后驾驶车辆，驾车时闯红灯、超载等，导致发生交通事故，造成驾驶员和乘车人的死伤。

第二节　做好交通事故的预防

国家统计局《中华人民共和国 2019 年国民经济和社会发展统计公报》显示，全年各类生产安全事故共死亡 29 519 人，道路交通事故万车死亡人数 1.80 人。交通安全由人、车、道三个要素构成，道路是交通安全的基础，车辆是交通安全重要的因素，而人是交通安全最重要的因素。大学生要积极倡导交通出行规则意识、法治意识和文明意识，自觉养成良好的出行习惯，践行文明有序的出行理念，提高安全防护能力，切实做好交通事故的防范工作。

一、外出步行时的注意事项

徒步是大学生最常用的交通方式之一，也是最容易引发交通事故的方式之一。大学生节假日外出购物、游玩、访友可能要到闹市区活动，而这些地方车流量大、行人多，各种交通标志令人眼花缭乱，与校园内相比，交通状况更加复杂。由于是徒步，许多学生放松了对交

通安全的警惕，使交通事故的发生概率大大增加。因此，大学生平时外出在道路上行走时，要注意以下几个方面。

（1）在外出步行时，须在人行道内行走。没有人行道的，要靠路右边行走。

（2）走路时要集中精力，不要边走路边看书或追逐打闹，切忌做戴耳机听音乐、看手机等分散精力的事情。

（3）在横过马路时，须走人行横道或过街天桥、地下通道。

（4）若没有人行横道，则须直行通过，不要在车辆临近时突然横穿，要做到“左看、右看、再左看”。

（5）注意养成看交通信号灯的好习惯。通过有交通信号灯控制的人行横道，须遵守信号灯规定，做到“红灯停、绿灯行、黄灯等一等”。

（6）当遇有交通警察现场指挥时，应当按照交通警察的指挥通行。注意避让来往车辆，不要在车辆临近时抢行，不要追逐、猛跑、斜穿或突然改变行路方向。

（7）不要突然横穿，特别是遇到马路对面有熟人呼唤，或者看到自己要乘坐的公共汽车已经进站时。

（8）注意学会估测来车与自己之间的安全距离。当车辆正在行驶时，与来车相距 25 米以上才比较安全。

（9）不要跨越道路中央的安全隔离护栏。

知识链接

行走时遇到汽车迎面撞来的应急措施：①快速侧身站到路边。②如果来不及躲闪到一边，可以在刹那间闪身，争取和来车擦身而过。即便是无法完全闪开，在被撞到的时候，这种姿势是使肩膀先落地，伤势也会轻许多。③如果是大车撞过来，可以将身体向后倒，目的是从车的下面穿过去，因为大车的底盘下通常都会有一定的空间，可以让一个人通过。④如果是小车撞过来，实在来不及闪躲的话，就索性跳到小车引擎盖上面，然后从小车侧面滚下来。应尽量臀部先着地，同时双手抱住头部，以防受伤。使用这种姿势，虽然很有可能会被车顶撞到而受伤，但是可以免遭生命危险。⑤如果这些躲避措施都来不及做的话，可以做“用手抱头”的保护措施，尽可能地弯曲身体，并且让身体往后跳，这样能够降低汽车撞击时的力度。一般来说，如果行人被汽车撞倒，通常都是伤及头部。在危急时刻，倘若记住做这样一个条件反射的保护性动作，也许可以保住性命。

二、骑非机动车时的注意事项

非机动车中的自行车、电瓶车、摩托车等都是两个车轮，骑车人由于是双手握住车把来掌握重心，控制方向，所以稳定性差、安全性差。因此，大学生在骑非机动车时，更应提高警惕，增强自我保护意识，掌握一定的骑车交通知识，重点把握以下内容。

（1）骑车外出的学生，出行前要先检查一下车辆的铃、闸、锁是否齐全、有效，保证没有问题后方可上路。

（2）要在非机动车道上行驶，没有划分车道的要靠右边行驶。

（3）在通过路口时，要“一停、二看、三通过”，并主动让机动车先行。遇红灯时，应停在停止线或人行横道线以内，严禁用推行或绕行的方法闯红灯。

（4）不能随意骑入机动车道，不要骑车逆行，不并骑，不载人，不追逐打闹，不双手离把骑车，不攀扶其他车辆，不在便道上骑车。

（5）当通过陡坡、横穿四条以上机动车道或途中车闸失效时，须下车推行。下车前，须伸手上下摆动示意，不要妨碍后面车辆行驶。

（6）在骑车转弯时，要伸手示意。如左转弯时，伸出左手示意。同时，要选择前后暂无来往车辆时转弯。切不可在机动车驶近时，急转猛拐，争道抢行。

（7）骑车时要集中思想，不要戴着耳机听广播、音乐，不接听电话、吃零食等。

（8）在骑自行车载物时，物品的长度不能超过车身，宽度不能超出车把宽度，高度不能超过骑车人的双肩。

三、乘车时的注意事项

大学生放假离校和返校、外出游玩、参加社会实践等，要乘坐各种长途或短途的交通工具。为保证乘车安全，大学生乘车时应注意以下几点。

（1）在乘坐公共汽车、电车和长途汽车时，须在站台和指定地点候车。在上下车时，不要争先恐后，更不能在车辆进出站点时尾随追逐车辆。

（2）要在车辆停稳后有序上下车，遵守“前门上车、后门下车”的规则。

（3）不准在车行道上招呼出租汽车。

（4）不准携带易燃、易爆等危险品乘坐公共汽车、电车、出租车和长途汽车。

（5）在机动车行驶中，不要与驾驶员闲聊，不准将头、手等伸出车窗，不准在车内吸烟，不准向车外抛洒物品，不准跳车。

（6）乘坐小型汽车、大客车时，要系好安全带。

（7）乘坐货运机动车时，不准站立，不准坐在车厢栏板上。

（8）乘坐长途汽车时，尽量不要打瞌睡。因为在睡眠时，若司机急刹车，惯性可能对人造成伤害。

（9）不能贪图便宜，乘坐车况不好、“黑巴”“摩的”等没有安全保障的车辆，拒乘超载车、改装车、拼装车等。

（10）注意司机是否疲劳驾驶。若发现身边有安全隐患，可拨打“12350”电话举报。

（11）下车以后，不要从车前、车后突然走出或横穿马路，要注意观察判断情况后再行走。

四、在外打车时的注意事项

大学生外出打车时，一定要搭乘正规运营车辆，并注意以下几点。

（1）到主路上打行驶中的空车。

不要贪近怕远，最好走到主路上打车。尽量打行驶中的空车，不要打停在路边的空车，避免遇到“蹲点”的坏人。

（2）上车记下车牌号。

独自打车，特别是在晚上打车时，要注意记下车牌号，然后当着司机的面给家里人打个电话，告诉他们车牌号。

（3）上车后坐在后排左边位置。

司机后面的位置安全系数高，同时这个位置不利于司机发动袭击。

（4）夜晚打车记得开车窗。

保持车内空气流通，以防迷药事件发生。

（5）不露财，不高调。

衣着暴露、露出钱财等不利于自身安全。

（6）随时注意行车路线。

上车后切忌低头玩手机、听音乐，甚至闭上眼睛睡觉，这样的习惯风险很大。需随时注意行车路线，避免司机将自己拉到偏僻地方。

（7）不要坐“黑车”，不要与陌生人拼车。

如果搭朋友的车，一定要看清车主是熟人后再上车。

（8）告诉司机要拍张照片传给同学。

拍司机及车的照片各一张，马上传给好友。一般来讲，能让自己拍照的，就不是坏人，即使是坏人，也不大敢使坏了。

（9）在个人手机上设置一个紧急键。

遇到紧急情况，在最短的时间内，只要按住这个紧急键，就可以拨打“110”报警。电话拨通后不一定要和“110”对话，只要大声说出自己的恐惧就可以，如“你要干什么”“你要把我带到哪里去”等类似的话语。

五、驾驶机动车时的注意事项

目前，部分学生在校学习期间就已经考取了驾驶证，为确保驾驶车辆时的安全，大学生驾驶员应该掌握必要的安全驾驶常识，主要做好以下几个方面。

（1）出车前、行驶中、收车后，都要对所驾驶的车辆进行安全检查。

（2）出车时要带齐有关证件，严禁喝酒后、醉酒后、服用麻醉剂等有碍安全行车的药物时驾驶车辆。

（3）驾驶室内不准超额乘人。

（4）开车时不准戴耳塞式耳机、拨打手机、发短信，不做“低头族”“盲驾族”。

（5）要随时注意标志牌，以防走错路线，无故造成违章。

（6）要注意与前车保持一定的安全距离，经过路口时要减速左右看，并注意突然窜出的电瓶车。

（7）在路口遇见红灯减速时，要注意从后视镜观察后车，急刹车前要看看后视镜。

（8）拐弯时一定要减速，礼让路人和电瓶车。

（9）在市外开车尽量走中间道，以免发生对撞。在山道上行车，如遇急弯或视线不好时，要早按喇叭并减速。

（10）行驶中不得超过限速标志标明的最高时速。在没有限速标志的路段，应保持安全车速。

（11）驾驶员、乘坐人员应当按规定系好安全带。研究表明，规范使用安全带，可降低40%的碰撞伤害概率。

（12）开车时要聚精会神，不要只顾和同伴聊天而不留意路况。

（13）遇雨、雪、雾等能见度较低条件时，应降低车速，及时开启雾灯、近光灯、示廓灯和前后位灯，与前方车辆保持一定的安全距离。

六、校园内交通事故的预防措施

在校园交通状况日益复杂的情况下，大学生做好校园内交通事故的预防工作，需要注意以下几点。

（1）针对校园内路面窄、拐弯多、人员流动大的特点，步行、骑车、驾驶机动车，都要注意观察，缓速慢行，遇人避让，认真遵守学校交通安全管理规定。

（2）不要在路上特别是拐弯处嬉戏打闹、踢球等，禁止在路上练车、逆行、按高音喇叭等。

（3）不论是机动车还是非机动车，都不得在校园内乱停乱放。

七、乘车遇到紧急情况时的应对措施

2019 年 8 月 25 日，沈海高速发生一起大客车侧翻事故，造成 7 名乘客死亡，11 名乘客受伤。2019 年 9 月 28 日，G25 长深高速发生一起大客车穿越中央护栏与货车相撞事故，造成 36 人死亡、36 人受伤。2019 年 11 月 3 日，兰海高速兰州南收费站发生一起交通事故，造成 15 人死亡、44 人受伤。2020 年 3 月 30 日，京广线郴州市某县境内，T179 次客运列车发生脱轨侧翻重大事故，造成 1 人死亡、4 人重伤、123 人轻伤。2020 年 4 月 19 日，一辆客运中巴车在 206 国道乐平境内发生侧翻后，翻滚下坡 17 米左右，造成 6 名乘客死亡、12 名乘客受伤。我们不希望外出乘车时发生紧急情况，但紧急情况有时不可避免。大学生乘车时如果遇到紧急情况，可采取以下应对措施。

（1）如果能提前一瞬间发现险情，就要紧握面前的扶手、椅背，同时两腿微弯，用力向前蹬地。这样即使身体受到碰撞，由于双手可以向前用力，撞击力会消耗在手腕和双腿之间，缓解身体前冲的速度，也会减轻受伤害的程度，使身体不致造成重伤。

（2）如果车祸发生得十分突然，来不及做缓冲动作，坐在前排时要抱头迅速滑下座位，以防头部由于惯性冲向挡风玻璃。坐在后排时要迅速抱住头部并缩身成球形，这样可以减少头部、胸部受到的撞击。假如汽车发生翻倒或翻滚，双手要紧紧攀住座位或内侧厢板，双脚死死抵住车厢，使身体随车体翻转。

（3）车辆撞损后往往起火甚至发生爆炸，因此要尽快逃离车辆，必要时要用脚、肘甚至裹着衣物的拳头击碎车窗玻璃逃生。跳车时不要顺着翻车方向跳，以防跳出车外被车体压伤。

（4）若在车辆翻转时感到不可避免要被抛出车外，应在被抛出车厢的瞬间猛踏双腿，增加向外抛出的力量，以增大离开危险区的距离。落地时，要用双手抱头顺着惯性方向跑动或翻滚一段距离，以减轻落地时的反作用。

（5）如果车辆发生火灾，应在可能的情况下积极帮助灭火，并立即设法尽快离开汽车，千万不要惊慌失措。

知识链接

乘大巴遭遇意外事故时的自救逃生方法：①大巴车发生事故时，车门是首选的逃生路径，如果车门被堵住打不开，逃生门就是另一条生路。在大巴车最后一排座位的上方，备有逃生门，门上有按钮，旋转之后就能把逃生门推开。②除了通过车门和逃生门脱困，还可以选择用安全锤破窗自救。使用安全锤时，要用锤尖猛击玻璃四个角，将车窗击碎。如果车窗玻璃是贴膜的，玻璃破碎后不会立即脱落，这时须抓住车内扶手支撑身体，用脚掌用力将裂开的玻璃踹出车外，然后跳窗逃生。如果一时找不到安全锤，可用高跟鞋、腰带扣和车上的灭火器等尖锐物品敲击车窗四角。③大巴车发生事故，多半都会起火。这时最重要的就是要保证呼吸畅通。保持情绪稳定，尽量不要慌张大叫，以免吸入烟尘。弯腰行进，呼吸底层空气。如果衣服着火，应及时脱去，或在地上打滚。④大巴车正常配备两个灭火器，位于乘客第一排及最后一排座位之下。发生意外时，可取出灭火器，按说明拔掉保险，用灭火器扑灭火源。当火情难以控制时，还是要以逃生为首要目的。

第三节 做好交通事故的处置

大学生如果在校外或校内发生交通事故或者发现交通事故，要注意做好以下几个方面的工作。

一、发生交通事故后要及时报案

大学生无论在校外还是校内，一旦发生交通事故，首先要及时拨打“122”交通事故报警电话报案，千万不能与肇事者“私了”。若在校外发生交通事故，除及时报案外，还应该及时与学校取得联系，由学校出面处理有关事宜。拨打“122”电话报警时，要详细说明出事地点和时间、受伤或死亡人数及车辆的损伤等情况。如果肇事车辆逃逸，说清肇事车辆的车牌号或者车辆的车型、颜色等主要特征。最后，要注意留下你的联系电话和姓名。

二、注意保护好交通事故现场

事故现场的勘查结论是划分事故责任的依据之一。大学生在校外或校内发生交通事故或者发现交通事故后，要注意保护好事故现场。可以用手机、照相机等记录现场的视频、音频资料，记录的重点包括事故发生时的原貌、肇事的车牌号、肇事司机的体貌特征等。

三、及时控制住交通肇事者

大学生在校外或校内发生交通事故或者发现交通事故后，如无重大人员伤亡，一定要稳住肇事者。在交警未到之前，不要与肇事者发生争执。若肇事者想逃脱，一定要设法控制。若自己不能控制，可以发动周围的人帮忙控制。若实在无法控制，也要记住肇事车辆的车牌号等特征。肇事者在发生交通事故后逃逸的，应当向公安机关交通管理部门或者交通警察举报。

四、及时妥善救助受伤人员

大学生在校外或校内发生交通事故或者发现交通事故后，如有人员伤亡，要及时拨打“120”电话进行求助，必要时拦截合适的车辆将伤员及时送往医院。救助的同时，要保护好现场，防止因救助破坏了原始现场。为抢救伤者，必须移动现场肇事车辆、伤者时，应在其原始位置做好标记，并特别注意现场伤情的处置，防止造成其他损伤。拨打“120”电话时，要注意讲清交通事故的具体地址及可联络的电话号码，尽可能说清楚伤员受伤的时间、受伤人数及伤者具体的受伤部位，以及伤员目前最危急的情况，如呼吸困难、大出血等，并询问救护车到达的大致时间、到什么位置接应救护车等。

五、依法进行交通事故损害赔偿

交通事故发生后，如果是车、物损失较小或人员轻微伤害的一般交通事故，双方当事人自愿，并且责任明确、争议不大，可以自行撤除现场，但事后应迅速到交通管理部门完善法律手续，依法保护双方的合法权益不受侵害，双方当事人不能自行协商处理的，要依据法律进行处理。报警之后，要协助交通警察收集现场证据，做好交通事故认定书。当事人收到交通事故认定书后，对交通事故损害赔偿有争议的，可以请求公安交通管理部门协商调解，也可以直接向人民法院提起民事诉讼。

人的生命是坚强的，能够经得起大风大浪；人的生命又是脆弱的，当遭到灾难或伤害时，就会转瞬即逝。交通事故破坏了多少幸福美满的家庭，造成了多少瞬间阴阳两隔的人间悲剧。每一起交通事故的背后，都会留下许多伤心，都会留下无尽的懊悔。但愿大学生在一个个血的教训面前，感悟到生命的可贵，感悟到安全的重要，重视交通安全，遵守交通法规，维护交通秩序。

第四节　交通安全常识

为了生命安全和家庭的幸福，大学生要掌握相关的交通安全知识，避免交通违章，减少交通事故的发生。

一、道路交通指挥信号

（一）交通信号灯

交通警察在管理交通时，在路面交叉路口设置交通信号灯指挥各方向的车辆和行人通过交叉路口。交通信号灯俗称红绿灯，由红、黄、绿三色灯光组成。

（1）绿灯信号：绿灯亮，是准许通行的信号。绿灯亮时，准许车辆、行人通行，但转弯的车辆不准妨碍直行车辆和行人通行。

（2）黄灯信号：黄灯亮时，给人一种危险需要注意的感觉，是预告停车的信号。黄灯亮时，不准车辆、行人通行，但已越过停止线的车辆和已进入人行横道的行人，可以继续通行。另外，黄灯亮时，右转弯车辆和T形路口右边无横道的直行车辆，在不妨碍被放行的车辆和行人通行的情况下可以通行。

（3）红灯信号：红色代表着危险，是绝对禁止通行的信号。红灯亮时，不准车辆和行人通行。但右转弯车辆和T形路口右边无横道的直行车辆遇红灯信号时，在不妨碍被放行车辆和行人通行的情况下可以通行。

（二）人行横道信号灯

（1）绿灯亮时，准许行人通过人行横道。

（2）绿灯闪烁时，不准行人进入人行横道，但已进入人行横道的，可以继续通行。

（3）红灯亮时，严禁行人进入人行横道。

二、大学生应熟悉的道路交通标志

道路交通标志是用图形符号、颜色和文字向交通参与者传递特定信息，用于管理交通的设施。道路交通标志分为主标志和辅助标志两大类。主标志又分为警告标志、禁令标志、指示标志、指路标志等。

（一）警告标志

警告标志是警告车辆和行人注意危险地点的标志。其形状为正等边三角形，颜色为黄底、黑边、黑图案。

（二）禁令标志

禁令标志是禁止或限制车辆、行人交通行为的标志。其形状通常为圆形，个别为八角形或顶点向下的等边三角形。其颜色通常为白底、红圈、红斜杠和黑图案。禁止车辆停放标志为蓝底、红圈、红斜杠。

（三）指示标志

指示标志是指示车辆、行人行进的标志。其形状为圆形、正方形或长方形，颜色为蓝底、白图案。

（四）指路标志

指路标志是传递道路方向、地点和距离信息的标志。其形状除地点识别标志、里程碑、分合流标志外，为长方形或正方形。一般道路指路标志为蓝底、白图案，高速公路指路标志为绿底、白图案。

第五章
消防安全

火灾是指在时间或空间上失去控制的燃烧而造成的灾害。火灾造成的安全事故往往在人们意想不到的时候突然发生，并且与其他事故相比，其后果往往更为严重，极易造成重大伤亡和财产损失。高校的消防工作直接关系到师生、员工的生命财产安全，大学生必须牢固树立“人人关心消防、处处注意防火”的群防群治思想，积极参与学校的消防安全管理工作。

第一节　认识校园火灾

一、火灾的概念及其危害

（一）火灾的概念

1. 燃烧的概念

燃烧是可燃物与氧化剂作用发生的放热反应，通常伴有火焰、发光和（或）发烟现象。燃烧具有三个特征，即化学反应、放热和发光。通电的电炉和灯泡虽有发光和放热现象，但没有进行化学反应，只是进行了能量的转化，故不是燃烧；生石灰遇水发生了化学反应，并且放出大量的热，但它没有发光现象，它也不是燃烧。这些现象虽不是燃烧，但在一定条件下，可作为着火源引起燃烧或引发火灾。

2. 燃烧的基本条件

任何物质发生燃烧，必须具备以下三个必要条件，即可燃物、氧化剂（助燃物）、温度（火源），缺少了其中任何一个，都不会引起燃烧。

（1）可燃物。凡是能与空气中的氧或其他氧化剂起化学反应的物质都称为可燃物，如木材、氢气、汽油、煤炭、纸张、硫等。可燃物按其化学组成，可分为无机可燃物和有机可燃物两大类。从数量上讲，绝大部分可燃物为有机物，少部分为无机物。按其所处的状态，又可分为可燃固体、可燃液体和可燃气体三大类。对于这三种状态的可燃物来说，其燃烧难易程度是不同的，一般是气体比较容易燃烧，其次是液体，最后是固体。可燃物是燃烧不可缺少的一个首要条件，是燃烧的内因，没有可燃物，燃烧就根本不能发生。

（2）氧化剂（助燃物）。能帮助和支持可燃物燃烧的物质，即能与可燃物发生氧化反应的物质称为氧化剂。氧化剂具有较强的氧化性能。通常我们所讲的氧化剂（助燃物）是指广泛存在于空气中的氧气。此外，还有能够提供氧气的含氧化合物和氯气等。

（3）温度（火源）。火源是指供给可燃物与助燃物发生燃烧反应的能量来源。一般分为直接火源和间接火源两大类。了解火源的种类和形式，对有效预防火灾事故的发生具有十分重要的意义。

①直接火源。

a. 明火：生产、生活中的炉火，烛火，焊接火，吸烟火，撞击、摩擦打火，机动车辆排气管火星，飞火，等等。

b. 电弧、电火花：电气设备、电气线路、电气开关及漏电打火；电话、手机等通信工具火花；静电火花（物体静电放电、人体衣物静电打火、人体积聚静电对物体放电打火）；等等。

c. 雷击：瞬间高压放电的雷击能引燃任何可燃物。

②间接火源。

a. 高温：高温加热、烘烤、积热不散、机械设备故障发热、摩擦发热、聚焦发热等。

b. 自燃起火：在既无明火又无外来热源的情况下，物质本身自行发热、燃烧起火，如白磷、烷基铝在空气中会自行起火；钾、钠等金属遇水着火；易燃、可燃物质与氧化剂、过氧化物接触起火；等等。

3. 燃烧的充分条件

需要说明的是，具备了燃烧的必要条件并不等于燃烧必然发生。在各必要条件中，还有一个量的概念，这就是发生燃烧或持续燃烧的充分条件。燃烧的充分条件如下。

（1）一定的可燃物浓度。可燃气体或可燃液体的蒸汽与空气混合只有达到一定浓度，才会发生燃烧或爆炸。例如，车用汽油在-38 ℃以下、灯用煤油在 40 ℃以下、甲醇在 7 ℃时，均不能达到燃烧所需的浓度。在这种条件下，虽有充足的氧气和明火，但仍不能发生燃烧。

（2）一定的氧化剂度（氧气含量）。各种不同的可燃物发生燃烧，均有本身固定的最低含氧量要求。低于这一浓度，虽然燃烧的其他必要条件已经具备，燃烧仍不会发生。例如，汽油的最低氧含量要求为 14.4%，煤油为 15%，乙醚为 12%。

（3）一定的点火能量。各种不同可燃物发生燃烧，均有本身固定的最小点火能量要求。达到这一能量才能引起燃烧反应，否则燃烧便不会发生。例如，汽油的最小点火能量为 0.2 MJ，乙醚（5.1%）为 0.19 MJ，甲醇（2.24%）为 0.215 MJ。

4. 火灾的定义和类别

国家标准《消防基本术语（第一部分）》（GB 5907—86）规定：在时间上或空间上失去控制的燃烧所造成的火害，就是火灾。

火灾可以按不同的方式进行分类。

（1）根据燃烧物质不同划分。按照国家标准《火灾分类》（GB/T 4968—2008）的规定，把火灾分为 A、B、C、D、E、F 六类。

A 类火灾：固体物质火灾。这种物质通常具有有机物性质，一般在燃烧时能产生灼热的余烬。

B 类火灾：液体或可熔化的固体物质火灾。

C 类火灾：气体火灾。

D 类火灾：金属火灾。

E 类火灾：带电火灾，即物体带电燃烧的火灾。

F 类火灾：烹饪器具内的烹饪物（如动植物油脂）火灾。

（2）按一次火灾造成的人员伤亡、受灾户数、财产损失划分。依据国务院颁布的《生产安全事故报告和调查处理条例》（自 2007 年 6 月 1 日起施行，以下简称《条例》）的有关规定，火灾等级标准如下。

特别重大火灾：是指造成 30 人以上死亡，或者 100 人以上重伤（包括急性工业中毒，下同），或者 1 亿元以上直接经济损失的火灾。

重大火灾：是指造成 10 人以上 30 人以下死亡，或者 50 人以上 100 人以下重伤，或者 5 000万元以上 1 亿元以下直接经济损失的火灾。

较大火灾：是指造成 3 人以上 10 人以下死亡，或者 10 人以上 50 人以下重伤，或者1 000 万元以上 5 000 万元以下直接经济损失的火灾。

一般火灾：是指造成 3 人以下死亡，或者 10 人以下重伤，或者 1 000 万元以下直接经济损失的火灾。

注："以上"包括本数，"以下"不包括本数。

（二）火灾的危害

火灾的危害有的是短时的，有的是长期的；有的是直接的，有的是间接的；有的有明显性，有的有潜在性；有物质上的，也有精神上的。火灾的危害表现在以下几个方面。

1. 毁坏物质财富

一把火可以使人民辛勤劳动创造的物质财富顷刻之间化为灰烬，一把火可以吞噬掉整个村庄、街区、工厂和大量设备物资，博物馆和古建筑的火灾会使珍贵的历史文物和无价之宝毁于一旦。2003 年 1 月 19 日，有"世界文化遗产"之称的武当山风景区内遇真宫古建筑群化为灰烬；2014 年 1 月，云南省香格里拉县独克宗古城发生火灾，有 1 300 年历史的古城核心区变成废墟；2014 年 1 月，贵州省镇远县报京侗寨发生大火，有 300 年历史的侗族村寨 100 余栋房屋被烧毁，当地侗文化遭毁；2016 年 11 月，无锡灵山景区发生大火，过火面积大约 600 平方米，导致梵宫关闭。

2. 残害人类生命

火灾中，受困人员被烟熏或火烧而致残甚至丧失性命。国家应急管理部 2022 年初通报，据初步统计，2021 年全国共接报火灾 74.8 万起，死亡 1 987 人，受伤 2 225 人，直接财产损失 67.5 亿元。

3. 造成环境灾难

1987 年 5 月 6 日到 6 月 2 日几乎长达一个月的大兴安岭森林特大火灾，起火直接原因是林场工人在野外吸烟，间接原因是气候条件有利燃烧，可燃物多。人民解放军、森林警察、公安消防人员、广大职工近 10 万军民经过近一个月的殊死搏斗，才将大火扑灭。这场大火致 211 人丧生、226 人受伤，火灾破坏了 1 000 多万亩林业资源，大火殃及 1 个县城 3 个镇，破坏的生态平衡需 80 年才能恢复。

4. 经济损失严重

现代社会各行各业密切联系，牵一发而动全身。一旦发生重特大火灾，造成的间接财产损失之大，往往是直接财产损失的数十倍。2015 年 8 月 12 日 23：30 左右，位于天津市滨海新区天津港的瑞海公司危险品仓库发生火灾爆炸事故，造成 165 人遇难、8 人失踪、798 人受伤，还造成了 304 幢建筑物、12 428 辆商品汽车、7 533 个集装箱受损，直接经济损失达 68.66 亿元，并对周边大气环境、水环境、土壤造成较严重的污染。

5. 造成不良的社会影响

一些伤亡惨重、影响巨大的火灾，往往牵动着许多人的心，使得人心惶惶，使人们正常的生活、生产、工作秩序被打乱。1994 年 11 月 15 日，吉林市银都夜总会因纵火发生火灾，殃及在同一建筑物内的市博物馆，烧毁建筑面积 6 800 平方米，不仅造成直接财产损失约 671 万元，而且将无法用金钱计算的博物馆内藏文物 7 000 余件和黑龙江在该馆巡展的 1 具 7 000 多万年以前的恐龙化石（长 11 米，高 65 米）烧毁，堪称世界级瑰宝、被列入《吉尼斯世界大全》的吉林陨石雨中最大的 1 号陨石也在大火中被分为两半，还有 2 人被烧死，既造成了难以计算的经济损失，更造成了不良的政治影响。2017 年 4 月 4 日，北京邮电大学网络数据中心发生火灾，导致北京地区多所高校教育网网络中断和瘫痪。

由此可见，火灾危害性是相当惨重的。我们必须认真贯彻执行“预防为主，防消结合”的消防工作方针，在做好防火工作的同时，在思想上、组织上和物质上积极做好各项灭火准备，以便一旦发生火灾，能够迅速有效地扑灭火灾，最大限度地减少火灾损失和人员伤亡。

二、高校火灾事故的主要类型

（一）操作电器不当引起火灾

据公安部消防局的统计资料，在全国的火灾事故中，电器引发火灾约占总数的 1/3，占比最高。从近几年高校火灾统计数据来看，因电器设备、线路出现故障或使用、操作不当而引起的电器火灾占有较大的比例。发生电器火灾，除少数是设备上的原因外，大多数是人为因素造成的：有的学生在宿舍内使用大功率电器，如电饭锅、电热杯、“热得快”等，使供电线路过载发热，加速线路老化，容易引起火灾；有的学生在宿舍给手机、电动剃须刀充电时，充电器长时间充电，或被衣被覆盖，散热不良，也能引起燃烧；有的学生使用吹风机时，宿舍突然停电，电源插头未拔就离开宿舍，来电时又没有回宿舍，吹风机较长时间工作，极易引起火灾；有的学生使用电暖风或电热毯取暖，使用电熨斗熨烫衣物等，极易引发火灾；有的学生安装电器不当，使用操作不当，或者电器产品质量不合格，容易引发火灾；有的学生给电瓶车充电时，因充电时间过长、电池过于老化或电池内部管理系统失灵，引起电池起火。

（二）使用明火不慎引起火灾

有的学生在学生宿舍内吸烟，烟头随意乱扔，当扔到易燃物品上时，容易引发火灾；有的学生在学生宿舍内烧废纸等物品，若靠近蚊帐、衣被等可燃物或火未彻底熄灭人就离开，火星飞到这些可燃物上时，容易引起火灾；有的学生图省事、方便，在学生宿舍内违章使用煤油炉、酒精炉等做饭，如果使用不当，极易引起火灾事故；有的学生夏天在学生宿舍点蚊香熏蚊子，将点燃的蚊香放在床边，不小心引燃周围的物品；有的学生在学校的树林、草坪吸烟、玩火、野炊、烧烤等，因树林地下有较多落叶、枯草，冬季草坪枯萎，特别是天气干燥时，一遇火种，极易引发校园火灾。

（三）实验操作不当引起火灾

大学生在实验中用火、用电、用危险物品时，要严格遵守各项安全管理规定、操作规程和有关制度。如果不按操作规程实验，极易发生火灾事故。例如，实验室内贮有一定量的易燃易爆化学危险品，若使用、保管不当，极易引发火灾。在实验进程中，常用明火进行加热、蒸馏等实验操作，以及使用电热仪器时用电量过大等，都可能出现危险。有电感的实验设备在使用时，如果用物品覆盖在散热孔上使设备聚热，极易导致设备燃烧。实验用火时，周围的可燃物未及时清理，火星飞到可燃物上，容易引起燃烧。做化学实验时，将相互抵触的化学试剂混在一起，试验温度过高或操作不当，也能引起火灾事故。实验室内的电器设备没有定期保养维修，电器部件老化，容易引起火灾。普通教室课堂上进行的实验和演示，须用火、用电或化学危险品，如果稍有不注意，也极易引发火灾。

（四）人为纵火引发火灾

纵火是指故意用放火焚烧公、私财物的方法危害公共安全的犯罪行为。纵火侵犯的是公共安全，即不特定的多人的人身安全和重大公、私财物的安全。人为纵火都带有一定的目的性，一般多发生在夜深人静的时候，对高校校园安全有较大的危害性。有企图毁灭证据、逃避罪责或破坏校园安全等多种形式的刑事犯罪分子纵火，也有抱有目的的烧毁他人财物或危害他人生命的私仇纵火等，这类纵火都是国家严厉打击的犯罪行为。另外，还有精神疾病人员纵火，这类纵火是由于精神疾病人员对自己的行为无法控制而发生的。

第二节　消防基础知识

一、预防火灾基本原则

火灾不仅会造成严重的财产损失，更重要的是会危及人的生命。高校是培养人才的重要场所，集人才、贵重设备器材、科研和高科技项目于一体。火灾一旦发生，会给师生、员工的生命、财产及学校的公共财产造成损失，影响学校教学、科研的顺利进行。校园火灾的发生是不可预知的，但火灾是可以预防的。因此，大学生要警钟长鸣，居安思危，做一个消防安全的有心人，时刻树立消防安全意识，严格遵守消防安全制度，掌握一定的自救逃生技能，不要做火灾的牺牲者，也不要做火灾的制造者，积极为校园的消防安全工作尽一份心，出一份力。

（一）认真学习消防法律法规和消防安全常识

据消防部门介绍，目前八成火灾是由于消防安全意识淡薄、消防安全常识缺乏等人为因素引发的。造成火灾人员伤亡的主要原因是缺乏逃生自救、互救知识和技能，不能及时地从火场逃生，被浓烟熏呛窒息死亡。其实，很多火灾如果发现及时、处理方法得当，在初起阶段一个灭火器或一盆水就能扑灭。因此，大学生要充分认识到校园消防安全工作的重要性，不断提高消防安全意识和责任意识。认真学习《中华人民共和国消防法》《高等学校消防安全管理规定》等消防法律法规，切实增强消防法制观念。自觉遵守消防法律法规和学校消防安全管理制度，无论是在宿舍、实验室还是在其他活动场所，都要按照防火要求规范自己的行为。积极参加学校组织的消防安全培训，认真学习消防安全知识，学会火灾报警方法，掌握灭火技能和火灾中逃生自救、互救技能。当遇到初起火灾时，能够利用掌握的消防知识和灭火技能灭火。当遇到大火时，能够安全逃生、自救和互救。对教学楼、图书馆、实验楼、食堂和所住的学生宿舍楼的安全通道、灭火器和消防栓所在位置要了解和熟悉，一旦发生火灾，可以利用现场的灭火器材灭火，或利用熟悉的安全通道撤离火灾现场。

（二）重点做好学生宿舍火灾的预防

在大学校园里，学生宿舍就是大学生的家。宿舍内有大量的学习生活所需的衣物、被褥、橱柜、书籍等物品，这些物品燃点低、量又大，一旦遇有明火，很容易快速燃烧。同时，大学生还配备了学习生活所需的电器和灯具，如电脑、电风扇、台灯等，如果使用操作不当，也会增加消防隐患。由于学生宿舍人员集中，一旦发生火灾，往往会对大学生的生命、财产安全造成极大威胁。高校防火，宿舍是关键；宿舍防火，自觉是关键。做好学生宿舍火灾的预防工作，要求每名学生牢固树立防火意识，充分认清火灾危害，自觉遵守学生宿舍消防安全管理制度，严格执行以下规定。

①不准躺在床上吸烟和乱扔烟头。

②不准将易燃易爆物品带进宿舍。

③不准在宿舍内使用明火。

④不准在宿舍内焚烧物品。

⑤不准损坏消防设施和灭火器材。

⑥不准滥用铜丝、铁丝代替熔断器的熔丝。

⑦不准乱拉乱接电线和接入过多或功率过大的电器设备。

⑧不准使用“热得快”、电热杯、电饭煲等电热设备。

⑨不准将正在使用的台灯、床头灯靠近枕头、被褥和蚊帐等。

⑩不准长时间使用电器，电器使用后要关闭电源。因为长时间待机会影响电器的使用寿命，还会增加火灾发生的概率。

⑪不准在宿舍内无人时不关闭电器和电源开关，以免宿舍用电负荷增加，电压升高，击穿电器薄弱元件，引起火灾。

⑫不准使用有灯口焦煳、灯泡破损、灯罩掉落、灯座松动等问题的台灯、床头灯。灯具损坏时，一定要及时更换。

⑬不准用桌腿、凳腿、电扇座等重物挤压或用衣物、被褥等可燃物遮盖插座线或插座。

⑭不准在插座附近放置发胶、衣被、打火机、纸张等易燃物品。

⑮不准将导线直接插入插座孔。

⑯不准使用插口处已出现焦煳现象或内部金属元件已外露的插座。插座损坏时，应及时

更换。

⑰不准一个插座带太多电器。因为插头插座接触部位电流过大，会引起发热、接触不良，如果温度过高，容易引起火灾。

⑱不准只使用宿舍里固定的几个插座。应将用电负荷均匀一下，这样可以有效避免某一部分插座加速老化、失效现象的发生。

（三）掌握公共场所防火和逃生常识

大学生的日常学习生活与公共场所密切相关。校内，大学生经常出入大礼堂、体育馆、食堂等大型文体生活公共场所；校外，大学生时常光顾电影院、商场、超市和 KTV 等公共场所。目前，一些公共场所仍存在消防安全隐患，人员密集场所发生火灾在所有火灾中占有一定比例，群死群伤的火灾事故屡见不鲜。2017 年 12 月 1 日，天津市某大厦发生火灾，造成 10 人死亡、5 人受伤，起火物质为堆放在电梯间的杂物和废弃装修材料。2017 年 12 月 10 日，邯郸市某洗浴中心发生火灾，造成 6 人死亡，火灾区域为洗浴中心桑拿房。2018 年 4 月 24 日，广东省某市一 KTV 发生火灾，造成 18 人死亡、5 人受伤。该火灾原因是一男子向其喜欢的房间服务员表白遭到拒绝，心生愤怒而故意放火。2018 年 8 月 25 日，哈尔滨市某温泉酒店发生火灾事故，导致 20 人死亡、23 人受伤。起火原因是酒店风机盘管机组电气线路短路引燃塑料绿植装饰材料并蔓延成灾。所以，大学生要掌握一定的公共场所消防知识。

（1）每到一处人员较多的场所，要注意观察周围环境和自己所处位置，记住安全出口、应急疏散通道、应急指示灯和报警按钮的位置，判明紧急情况下就近、安全的疏散路线。

（2）在人流较为密集的场所，不吸烟，不乱扔烟头，不携带易燃易爆物品进入公共场所，不随便接触公共场所的电器设备。

（3）在公共场所遇到火灾，要注意收听火灾广播和听从场所服务人员的组织引导。

（4）逃离火场时，不要恐慌，不要大喊大叫，以防吸入烟气中毒。要用水或者饮料打湿衣服，然后用湿衣服捂住口鼻，弯腰或者匍匐前行。不要盲目地跟随人群跑，要注意观察应急指示标志。

（5）如果出口被大火和浓烟封锁，或者距离出口较远，可选择躲进烟火不易侵入的房间，关闭迎火方向的门窗，打开非烟火区方向的窗户，向窗外发出求救信号，等待救援。

（四）积极做好校区森林火灾的预防

凡是失去人为控制，在林地内自由蔓延和扩展，对森林、森林生态系统和人类带来危害和损失，超过一定面积的林火，就称为森林火灾。森林火灾的发生一般都特别突然且来势凶猛、破坏性大。人们扑救森林火灾的时候困难很大，严重的时候还会造成人员伤亡。目前，不少高校周围靠着山林，或校区内就有林木。大学生稍有不慎，就可能引发森林火灾，造成重大损失。做好校区森林火灾的预防工作，要求大学生自觉做到“五不准”：①不准携带火种上山；②不准在林区内乱扔烟蒂、火柴梗；③不准在林区内燃放爆竹、烟花；④不准在林区内烧火取暖、烧烤食物；⑤不准在林区内玩火取乐。

知识链接

遭遇森林火灾时的逃生办法：①森林火灾对人身造成的伤害主要来自高温、浓烟和一氧化碳，因此，一旦发现火灾，要判明火势大小、火苗燃烧方向，逆风逃生，切勿顺风逃生；②如果被大火包围在半山腰，要快速向山下跑，切忌往山上跑，通常火势向上蔓延的速度要比人跑的速度快得多；③躲避不及时，应选择附近没有可燃物的平地卧地避烟，不可选择低洼地或坑、洞，因为低洼地和坑、洞容易沉淀烟尘。

（五）防止故意或过失引起火灾触犯刑律

放火罪是我国一项足以判处死刑的罪名，是指故意放火焚烧公、私财物，危害公共安全的行为。失火罪是指由于行为人的过失引起火灾，危害公共安全，造成严重后果的行为。个别学生与教师或者同学之间存在矛盾纠纷，为了打击报复对方，采取极端的方法，故意放火烧毁他人财物或危害他人生命安全，导致他人死亡或他人、公共财产损失达到一定标准，就涉嫌放火罪；喜欢吸烟的学生躺在宿舍床上吸烟时，如果不慎引燃了床单或蚊帐，导致他人死亡或他人、公共财产损失达到一定标准，就涉嫌失火罪；有的学生在宿舍里爱用“热得快”，如果突然停电或临时有事离开，未及时将“热得快”取出，也没有拔掉电源，结果“热得快”将水烧干后引燃了宿舍内物品，导致他人死亡或他人、公共财产损失达到一定标准，也涉嫌失火罪。因此，大学生一定要牢固树立法制意识，自觉遵守消防安全规定，防止因故意或过失引起火灾，导致他人死亡或他人、公共财产重大损失，而受到法律的制裁。

法律链接

根据《刑法》第一百一十四条和第一百一十五条的规定：犯放火罪，尚未造成严重后果的，处三年以上十年以下有期徒刑；致人重伤、死亡或使公私财产遭受重大损失的，处十年以上有期徒刑、无期徒刑或死刑。

根据《刑法》第一百一十五条的规定：犯失火罪的，处三年以上七年以下有期徒刑；情节较轻的，处三年以下有期徒刑或拘役。

二、基本消防常识

（一）消防安全标志

我国消防安全标志用以表达特定的安全信息，标志由几何图形、图形符号和安全色（一般是红、黄、绿色）组成。悬挂消防安全标志是为了引起人们对不安全因素的注意，预防事故的发生。消防安全标志如图 5-1 所示。

紧急出口
紧急出口
击碎板面
灭火设备
防火卷帘门
消防集合点
消防梯
疏散通道方向
疏散通道方向
消防演习起火点
请爱护消防设施
重要物资
消防毛巾
消防人员登记处
消防栓
消防监控中心
防火门
消防急救站
手动报警按钮
发声警报器
灭火设备或报警装置的方向
灭火设备或报警装置的方向
消防设备
安全出口
横移打开
安全通道
安全楼梯
灭火器
火警电话
119
火情警报按钮
消防水泵接合器
地上消防栓
消防水带
灭火设备存放库
地下消防栓

图 5-1　消防安全标志

（二）消防器材

1. 常见灭火器

灭火器有多种类型，适宜扑灭不同种类的初起火灾，使用方法也不尽相同，常见的有如下几种。

（1）二氧化碳灭火器。

二氧化碳灭火器适宜扑灭精密仪器、电子设备以及 600 V 以下的电器初起火灾。手提式二氧化碳灭火器有两种使用方式，即手轮式和压嘴式。手轮式：一手握住喷筒把手，另一手撕掉铅封，将手轮按逆时针方向旋转，打开开关，二氧化碳气体即会喷出。压嘴式：一手握住喷筒把手，另一手拔去保险销，将扶把上的压嘴压下，即可灭火。手轮式、压嘴式灭火器的使用方法如图 5-2 所示。

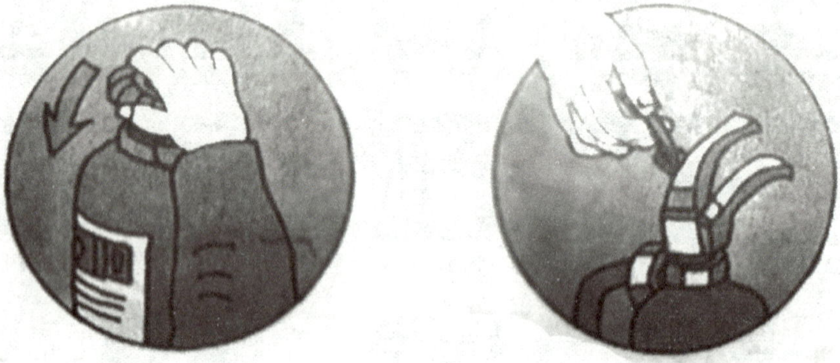

图 5-2 手轮式、压嘴式灭火器的使用方法

注意：灭火时，人员应站在上风处。持喷筒的手应握在胶质喷管处，防止冻伤。室内使用后，应加强通风。

（2）干粉灭火器。

干粉灭火器适宜扑灭油类、可燃气体、电器设备等初起火灾。使用时，先打开保险销，一手握住喷管对准火源，另一手按下压嘴，即可扑灭火源，如图 5-3 所示。

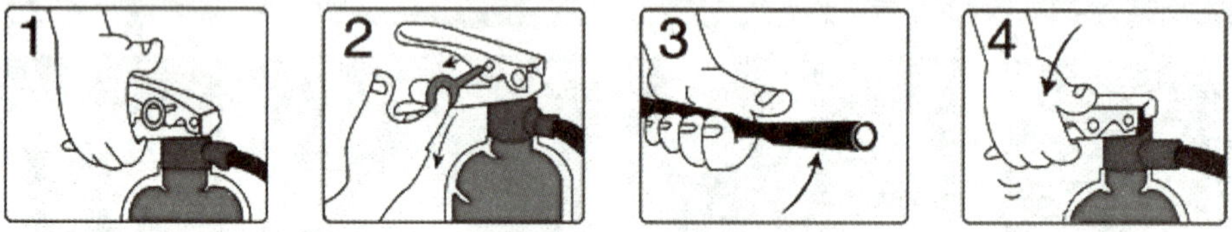

1.提起灭火器　2.拔下保险销　3.握住软管　4.对准火苗根部扫射

图 5-3 干粉灭火器的使用方法

（3）水基型灭火器。

水基型灭火器在喷射后成水雾状，瞬间蒸发火场大量的热量，能迅速降低火场温度，抑制热辐射，表面活性剂在可燃物表面迅速形成一层水膜，隔离氧气，起降温、隔离双重作用，同时参与灭火，从而达到快速灭火的目的。除可燃金属起火外，其他各类火灾水基型灭火器全部可以扑救，并可绝缘 36 kV 以下电压的电路，是扑救电器火灾的最佳选择。水基型灭火器瓶身除了红色以外，还有黄、绿、银色等，操作方式与干粉灭火器类似。

(4) 投掷型灭火器。

投掷型灭火器是一种迷你型简捷灭火具，只需用力将其投掷于火中，容器破碎，即可达到灭火目的。还可以将灭火剂用水稀释后泼洒在火焰上进行灭火。不要直接投掷灭火弹到燃烧的油中，防止燃油飞溅。投掷型灭火器如图 5-4 所示。

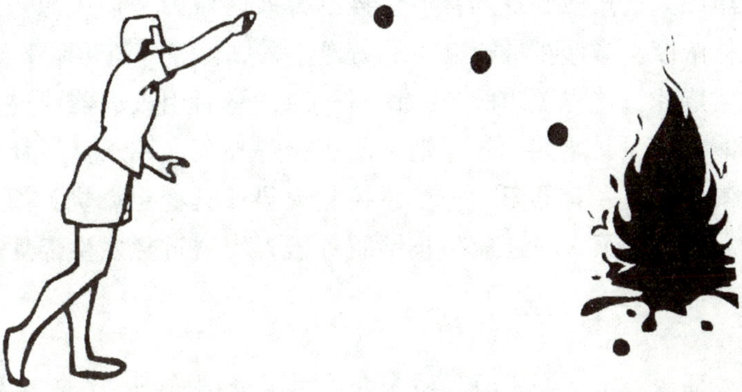

图 5-4　投掷型灭火器

(5) 灭火毯。

灭火毯是用玻璃纤维等其他特殊的材料编织成的灭火器材，使用时将灭火毯抽出展开后迅速覆盖在火焰上面，即可达到灭火目的。在家中或是公共场所发生火灾的时候，灭火毯还是很好的逃生工具。把灭火毯盖在身上，可以有效地防止身体被火焰灼伤。灭火毯如图 5-5 所示。

图 5-5　灭火毯

2. 室内消火栓

(1) 室内消火栓的使用。

发生火灾后，首先打开消火栓箱门或用硬物击碎门上的玻璃，按动紧急启动水泵按钮，然后迅速取下水带和弹簧架上的水枪，将水带一接口连接在消火栓接口上，铺设水带，防止打绞，另一接口接好水枪，按逆时针方向旋转消火栓手轮，即可出水灭火。

(2) 消防水喉的使用。

使用消防水喉时，首先打开箱门把卷盘旋出，然后拉出胶管和小口径水枪，开启供水闸即可进行灭火。消防卷盘除绕自身轴旋转外，还随箱门旋转，比较灵活，不需将胶管全部拉出即能开启阀门供水。使用完毕后，先关闭供水闸阀，待胶管排除积水后卷回卷盘，将卷盘转回消火栓箱即可。

(三) 不同类型火灾的扑救

1. 电气火灾

电气设备发生火灾，首先应关闭电源开关，然后用干粉灭火器、二氧化碳灭火器等进行扑救，切不可直接用水扑救，以防止触电伤亡事故。如用水、泡沫灭火，应先切断电源，然后再灭火。电脑着火时应从侧面扑救，以防显像管爆裂伤人。

2. 可燃气体泄漏或火灾

目前使用的可燃气有煤气、液化石油气、天然气、乙炔气及其他工业和民用气体。发生事故主要有两种情况：一是泄漏，二是火灾或爆炸。

一旦发生泄漏应迅速设法关阀，控制气源流散，控制泄漏区域的一切火源（电开关不能动，明火、火星、手机、静电等火源要立即熄灭、关闭、消除），关阀后应设法驱散气体，消除爆炸危险。使用工具关阀时要用不发火工具。泄漏量较大或不能及时关阀控制气源的，应迅速发出警报，组织人员疏散和现场警戒，控制警戒区域内一切火源，有条件的可用水雾稀释和降低可燃气体浓度，减缓扩散速度，尽力阻止爆炸，等待消防队来救援。

一旦发生火灾或爆炸，首先关闭阀门，切断气源，然后用灭火器或湿布等灭火器材进行灭火；如果阀门不能关闭，又堵漏无效，则不能将火焰扑灭，用水雾稀释和降低可燃气体浓度，冷却降低可燃气体管道、容器温度，尽量控制火势让其稳定燃烧；如果是液化气、乙炔气钢瓶等压力容器着火，在灭火时还应防止钢瓶等压力容器过热发生爆炸，同时还应防止钢瓶横倒，以免造成液体燃烧。

3. 厨房火灾

厨房最常见的是油锅起火。起火时，要立即用锅盖盖住油锅，关掉点火开关，使火窒息，切不可用水扑救或用手去端锅，以防止造成热油爆溅、灼烫伤人和扩大火势。如果油火洒在灶具上或地面上，可使用手提式灭火器扑救，或用湿布等捂盖灭火。

4. 易燃液体火灾

易燃液体（如汽油、酒精、香蕉水、甲苯等）着火，发展迅速而猛烈，有时甚至发生爆炸，且不易扑救，所以平时要做好准备，一旦发生应立即用干粉、卤代烷二氧化碳、泡沫灭火器灭火，或用细沙、湿毛毯等扑救，尽量控制液体的流散。切勿用水扑救，以免造成流淌火灾。如火势扩大，无法灭火时，应迅速逃离现场，离去时应将门顺手关上，以便在一定时间内控制火势蔓延。

5. 室内火灾

室内发生火灾应沉着冷静，分清情况，采取相应对策，如一般衣服、织物及小件家具着火，在火势不大时，可迅速将着火物拿到室外或卫生间等较为安全的部位用水浇灭。不要在家里乱扑乱打，以免将其他可燃物引燃。

家具着火，先用水盆接水扑救。如火势得不到控制，则利用楼梯间或走道上的消火栓进行扑救，同时迅速挪开家具旁边的可燃物。

工业原料（成品）、生产设备、危险物品等火灾，要根据燃烧物品的性质特点，选用恰当的灭火剂扑救。精密仪器设备、图书档案资料、遇湿燃烧物品、较大量高浓度的强酸等不能直接用水扑救，以免造成水渍损失或爆炸；糖粉、面粉、木屑等可燃粉尘不能用直流水柱冲击，以免引起粉尘爆炸，扩大灾害损失。

如果火势一时难以控制扑灭，要先将室内的液化气罐和汽油等易燃易爆危险品抢出。如时间允许，可将室内贵重物品一并抢出。如果室内火已烧大，不可以因为寻救物品而贻误疏散良机，更不能重新返回着火房间去抢救物品。

封闭的房间着火时，不要随便打开门窗，防止新鲜空气进入而扩大燃烧，要先在外部察看火势，如果火势很小或只有烟雾不见火光，可以用水桶、脸盆等准备好灭火用水，迅速进入室内将火灾扑灭。如果火已烧大，就要呼喊邻居，共同做好灭火准备工作后，再打开门窗，进入室内灭火。开门时，先打开一条门缝，感觉一下室内的温度；如果室内温度不高，可带水迅速进入室内灭火；如果室内温度很高，有轰燃的可能，此时开门进入室内很有可能因补充新鲜空气而发生轰燃（爆燃），导致人员伤亡和燃烧面积突然扩大成灾。因此，如果室内烟雾浓、温度高，应在备足消防用水（最好利用室内消火栓）的情况下，先开一条门缝，伸进水枪，上下左右迅速射水降温，而后进入室内灭火。注意开门时人应站在门的一侧，防止轰燃将人烧伤。

第三节 火场逃生自救

2016 年 4 月 5 日凌晨，上海市浦东新区某村 5 号楼突发火灾。由于该五层的老式居民楼采用了大量木质结构，火势迅速蔓延，并将楼梯烧坏，导致楼上居民没了退路。该起火灾中，除五楼一位年轻女子选择跳楼逃生遇难外，其他楼层住户由于选择了正确的逃生方式均幸存下来。居住在二楼的陈某一家 5 口选择了从窗口跳楼逃生，由于二楼离地面近，仅造成陈某骨折。三楼两名居民眼见向外逃生无望，于是紧闭家门，用手电筒向外不断发出求救信号，而后相依在靠窗的角落等候救援。消防队员发现求救信号后，用云梯成功将两人救出。四楼两户居民家中的男主人眼见楼下火势逐渐向上蔓延，而自家窗户玻璃已经爆裂，两人一起向下浇洒了大量自来水，减缓了火势蔓延，争取了时间，并最终获救。租住于五楼的一位年轻女子可能由于紧张和恐惧，从楼上纵身跳下导致死亡，而当时明火尚未殃及五楼。

一场大火降临，面对熊熊烈火、滚滚浓烟，有人惊慌失措、不得要领，最终葬身于火海；有人临危不乱、应对得当，最终化险为夷、死里逃生。这固然与起火时间、地点、火势大小、建筑物内消防设施等因素有关，但被困人员的自救逃生能力在火灾发生时也起着重要作用。因此，能自救、会逃生是大学生遇到火灾后保护自己或他人人身安全最重要的本领和必备的能力。

一、火场逃生自救的主要原则

（一）熟悉环境，临危不乱

大学生平时要了解自己学习或居住所在的建筑物结构及逃生路径。当身处陌生环境，如到商场购物、进入娱乐场所时，务必留心疏散通道、安全出口、楼梯方位及灭火器位置等，以便在关键时候能尽快逃离火场。

（二）明辨方向，迅速撤离

大学生突遇火灾时，不要盲目地随从人流、相互拥挤、乱冲乱撞。撤离时，要注意朝明亮处或外面空旷地方跑，要尽量往楼层下面跑。若通道已被烟火封阻，则应背向烟火方向离开，通过阳台、窗台等通往室外的出口逃生。

（三）不入险地，不贪财物

在火场中，人的生命最重要，不要因害羞或顾及贵重物品，把宝贵的逃生时间浪费在穿衣服或寻找、搬运贵重物品上。已逃离火场的学生，千万不要重返险地。

（四）简易防护，掩鼻匍匐

大学生在火场逃生时，经过充满烟雾的路线，可采用毛巾、口罩蒙住口鼻，匍匐撤离，以防止烟雾中毒，预防窒息。也可以向头部、身上浇冷水或用湿毛巾、湿棉被、湿毯子等将头、身体裹好后再冲出去。

（五）善用通道，莫入电梯

发生火灾时，大学生要根据情况选择进入相对安全的楼梯、通道，还可利用建筑物的阳台、窗台、屋顶等攀到周围的安全地带，沿着下水管、避雷线等建筑上的凸出物，也可滑下楼脱险。如果遇到高层楼着火时，一定不要乘坐电梯逃生。

（六）避难场所，固守待援

假如用手摸房门把手已感到烫手，一旦开门，火焰与浓烟势必迎面扑来。此时，首先应关紧迎火的门窗，打开背火的门窗，用湿毛巾、湿布等塞住门缝，或用水浸湿棉被，蒙上门窗。然后用水淋湿房间内的可燃物，防止烟火渗入，等待救援人员到达。切记千万不可钻到床底下、衣橱内、阁楼上躲避火焰或烟雾，因为这些地方都是火灾现场最危险的地方，而且不易被消防人员发觉，难以获得及时营救。

（七）传送信号，寻求援助

当被烟火围困时，尽量待在阳台、窗口等易于被人发现和能避免烟火近身的地方。在白天，可向窗外晃动鲜艳的衣物等；在晚上，可用手电筒不停地在窗口闪动或敲击东西，及时发出有效求救信号。在被烟气窒息失去自救能力时，应努力滚到墙边或门边，既便于消防人员寻找、营救，也可防止房屋塌落时砸伤自己。

（八）火已及身，切勿惊跑

如果发现身上着火，惊跑和用手拍打只会形成风势，加速氧气补充，促旺火势。正确的做法是赶紧设法脱掉衣服或就地打滚，压灭火苗。能及时跳进水中或让人向身上浇水，则更有效。

（九）缓降逃生，滑绳自救

高层、多层建筑发生火灾后，大学生可迅速利用身边的绳索或床单、窗帘、衣服等自制简易救生绳，并用水打湿后，从窗台或阳台沿绳滑到下面的楼层或地面逃生。即使跳楼，也要跳在消防队员准备好的救生气垫上，且四层楼以下才可考虑采取跳楼的方式，还要注意选择有水池、软雨篷、草地等的地方跳。如有可能，要尽量抱些棉被、沙发垫等松软物品或打开大雨伞跳下。

二、楼房火灾的自救逃生方法

（一）立即爬到门边试热

选择爬行，是因为烟和热气比空气轻，都向上运动，而靠近地面的空气相对比较纯净，可以呼吸。如果站立起来，屋子里充满了烟气，呼吸几次一氧化碳就会使人窒息。试一试门是否热，因为如果门热，说明外面的烟火已将门封住。如果打开，烟火会立即涌进房间，很可能顷刻丧命。这时，应退到烟火还未到达的房间，把门关好。一个标准的木门可带来 15 分钟的安全期，足以让人沿第二条路线逃生。金属门可以给人带来更长的安全期。如果门凉，说明火灾还处于初期阶段，这时应迅速拉开门，沿平时的出口逃生。

（二）学会用毛巾保护自己

在楼房逃离火区，多数要穿过烟雾弥漫的走廊。实践证明，使用湿毛巾滤烟是有效的。方法是将毛巾折叠，折叠的层数要以毛巾的质地而定，一般折叠 8 层为宜。毛巾较薄，厚度不够时，可将毛巾弄湿。如果厚度折叠后可达 8 层以上，可不必弄湿，以便减少通气阻力，使呼吸不受影响。一定要捂住口和鼻，使滤烟面积尽量增大。一时找不到毛巾的，可用衣服（棉质的）或其他棉制品浸湿代替。在没有水的情况下，尿液也可应急。

（三）学会自制救生绳索

可撕开床单、窗帘，结绳系在室内的床架、管道上等，沿落水管道滑至下一层。万不得已跳楼时，跳楼前尽量拖一些棉被之类的软物品，或者尽量选择有盖的车棚、水池、草地等地点。

（四）正确选择疏散楼梯

火灾一旦发生，切记不要簇拥至经常使用的楼梯出口，争相夺路将楼梯出口堵塞，贻误最佳逃生时机。应注意观察，沿疏散指示标志指示的方向迅速逃出。高层建筑物内的楼梯按其防火安全性，一般都设计有敞开楼梯、封闭楼梯、防烟楼梯及室外疏散楼梯。逃生时应迅速选择敞开楼梯和室外疏散楼梯，并注意找对楼梯的方向，把一层楼看成是一个平行四边形，对角线的一端着火了，就要找到对角线另一端的消防楼梯逃离。沿敞开楼梯和室外疏散楼梯逃生时，要抓住扶手，谨防摔倒。

（五）正确选择避难房间

避难房间是指建筑物内专门设计的安全区。火灾发生后，大学生万一不能及时逃离疏散，可选择避难房间暂时躲避，等消防人员到来。选择避难房间时，要选择临街或道路的房间，便于和救援人员联系。尽量选择有阳台的避难房间，便于通风，能降低烟的浓度，也便于和救援者联系。也可选择与楼梯较近的避难房间。

（六）大胆应对房间被困

如果已被外面大火困在房间内，要迅速关紧迎火面的门（窗），打开背火面的门（窗）。如果背火面的门（窗）也进烟了，就不能打开，设法把房间全部弄湿，将毛巾、衣物弄湿后塞住门缝。房间内有排风扇的，打开排风扇，将窗帘等易燃的物品扯下或移开，设法坚持到救援人员到来。一旦室内无法坚持，可迅速躲到阳台，依在一角暂避楼内冲出的烟火熏烤，也可利用阳台转移到相邻房间、楼层或相邻的楼房。

三、火灾逃生自救中的几个误区

（一）从进来的原路逃生

从进来的原路逃生是人们最常见的火灾逃生行为模式。因为大多数建筑物内部的平面布置、道路出口一般不为人们所熟悉，一旦发生火灾，人们总是习惯沿着入口和熟悉的楼道逃生，当发现此路被封死时，才被迫去找其他的出入口。殊不知，此时已失去最佳逃生时间。因此，大学生进入一个不熟悉的建筑物时，一定要对周围的环境和出入口进行必要的了解与熟悉。

（二）向着光亮之处逃生

人们总是向着有光、明亮的方向逃生，这是在紧急危险情况下，人的本能、生理、心理所决定的。光和亮就意味着生存的希望，它能为逃生者指明方向，避免瞎摸乱撞而更易逃生。但实际上，在火场中，90%的可能是电源已被切断或已造成短路、跳闸等，光和亮之地正是火魔肆无忌惮地逞威之处。

（三）盲目追随别人逃生

当人们突然面临危险状态时，极易因惊慌而失去正常的判断能力。当听到或看到有人在前面跑动时，第一反应就是盲目地紧随其后。常见的盲目追随行为模式有跳窗，跳楼，逃（躲）进厕所、浴室、门角等。只要前面有人带头，追随者就会毫不犹豫地跟随其后。克服盲目追随的方法是平时要多了解与掌握一定的消防自救与逃生知识，避免事到临头没有主见而随波逐流。

（四）从高处往低处逃生

高层楼房发生火灾时，人们总是习惯性地认为，火是从下面往上着的，越高越危险，只有尽快逃到一层，跑出室外，才有生的希望。底层发生火灾后，如果上层的人都往下跑，反而会给救援增加困难。正确的做法是“更上一层楼”。有条件的可登上房顶，或在房间内采取有效的防烟、防火措施等待救援，这也不失为明智之举。

（五）盲目冒险跳楼逃生

人们在开始发现火灾时，会立即做出反应，这时的反应大多还是比较理智的分析与判断。但是，当选择的路线逃生失败后，人们发现判断失误，而逃生之路又被大火封死，当火势愈来愈大、烟雾愈来愈浓时，人们就很容易失去理智。此时千万不要跳楼、跳窗等，而应另谋生路，万万不可盲目采取冒险行为。据有关调查，人从 10 米以上高处跳下，生还的希望极小。

（六）盲目乘坐电梯逃生

在许多电梯的安全警示中，有一条是告知大家在发生火灾时不能乘坐电梯逃生。这是因为：①除专用消防电梯外，普通电梯不具备防高温性能，在火灾情况下，电梯受热后，其轿厢会失控甚至变形卡住，人在其中很危险；②当发生火灾时，普通电梯的供电系统会随时断电，或因电器线路被烧毁而停电，不利于电梯内人员的逃生和外面救援人员的营救；③电梯竖井贯穿各楼层，若打开电梯门，电梯竖井就会产生烟囱效应，使其成为拔烟助火的垂直通道；④灭火时喷洒的水也容易流到电梯内，会有触电的危险；⑤电梯通常一次只能载 10 多个人。在火灾情况下，挤在电梯门口的人员会因坐不上电梯而情绪失控。一旦电梯门打开，很容易发生挤压等意外情况。

第四节　森林防火

森林在维护生态环境安全方面的重要地位日益彰显，在努力培育森林资源的同时，做好森林消防工作，保护好森林资源也是保证森林资源增长的重要手段。

森林火灾是森林资源减少的主要原因之一。做好森林防火工作，有效预防和扑救森林火灾，是新时期森林防火工作的必然要求，保障人民群众生命财产安全、保护森林资源安全和维护国土生态安全，是全社会的共同责任。

一、森林消防的基本概念

“消防”一词最早从日本传入我国，曾泛指消灭与预防火灾、水灾等灾害。20 世纪 20 年代后仍称为“消防火灾水患”或“消弭水火灾害”。

“森林消防”是指预防森林火灾的发生和阻止森林火灾的蔓延，扑灭林火。研究森林消防，还涉及林火、森林火灾等基本概念。

林火是指在林地上自由蔓延的火。林火包括林地上受控的火和失控的火。受控的林火是指人们有计划地在事先选定的地区内，对森林可燃物进行有计划的烧除，常称计划烧除或营林用火。失控的林火就会造成森林火灾。

森林火灾是指失去人为控制，在林地内自由蔓延，达到一定面积并造成一定危害和损失的森林燃烧现象。森林火灾具有双重性，既是自然灾害，又是人为灾害。当森林火灾由火山爆发、雷击、陨石坠落或泥炭发酵自燃等天然火源所引起时，是自然灾害；如果由于人为纵火、生产用火不慎失火、上坟烧纸等人为因素引起应属人为灾害。

中华人民共和国国务院颁布的《森林防火条例》中，对森林火灾做出了新规定，按照受害森林面积和伤亡人数，森林火灾分为一般森林火灾、较大森林火灾、重大森林火灾和特别重大森林火灾。

（1）一般森林火灾：受害森林面积在 1 公顷以下或者其他林地起火的，或者死亡 1 人以上 3 人以下的，或者重伤 1 人以上 10 人以下的。

（2）较大森林火灾：受害森林面积在 1 公顷以上 100 公顷以下的，或者死亡 3 人以上 10 人以下的，或者重伤 10 人以上 50 人以下的。

（3）重大森林火灾：受害森林面积在 100 公顷以上 1 000 公顷以下的，或者死亡 10 人以上 30 人以下的，或者重伤 50 人以上 100 人以下的。

（4）特别重大森林火灾：受害森林面积在 1 000 公顷以上的，或者死亡 30 人以上的，或者重伤 100 人以上的。

二、森林火灾的危害

（一）破坏林草资源

森林一旦遭受火灾，最直观的危害是烧死或烧伤林木。一方面使森林蓄积下降，另一方面也使森林生长受到严重影响。森林是生长周期较长的再生资源，遭受火灾后，其恢复需要很长的时间。特别是高强度、大面积森林火灾之后，森林很难恢复原貌，常常被低价林或灌丛取而代之。如果反复多次遭到火灾危害，还会成为荒草地，甚至变成裸地。

（二）破坏林下经济发展

森林除了可以提供木材之外，林下还蕴藏着丰富的野生植物资源。森林火灾能烧毁这些珍贵的野生植物，或者由于火干扰后，改变其生存环境，使其数量显著减少，甚至使某些种类灭绝。这些林副产品都具有重要的商品价值和经济效益。例如，东北大兴安岭林区的“红豆”（越橘）和“都仕”（笃斯越橘）等是营养十分丰富的野果；长白山林区的人参、灵芝、刺五加等是珍贵药材；南方的喜树可提炼出喜树碱，喜树碱是良好的治疗癌症的药物；漆树可加工制成漆；桉树提炼出的桉油是制造香皂、香精的最佳原料；等等

（三）破坏野生动物栖息地

森林是各种珍禽异兽的家园。森林遭受火灾后，会破坏野生动物赖以生存的环境，有时甚至直接烧死、烧伤野生动物。由于火灾等原因而造成的森林破坏，使我国不少野生动物种类已经灭绝或处于濒危状态。例如，野马、高鼻羚羊、新疆虎、豚鹿等几十种珍贵鸟兽已经灭绝。另外，大熊猫、东北虎、长臂猿、金丝猴、野象、野骆驼、海南坡鹿等国家级保护动物也面临濒危，如不加以保护，有灭绝的危险。因此，防治森林火灾，不仅是保护森林本身，同时也保护了野生动物，进而保护了物种的多样性。

（四）影响地下水资源

森林具有涵养水源、保持水土的作用。据测算，每公顷林地比无林地能多蓄水 30 立方米。3 000 公顷森林的蓄水量相当于一座 100 万立方米的小型水库。因此，森林有“绿色水库”之美称。此外，森林树木的枝叶及林床（地被物层）的机械作用，能够大大减缓雨水对地表的冲击力；林地表面海绵状的枯枝落叶层能大量吸收水分；加之森林庞大的根系对土壤的固定作用，使得林地很少发生水土流失现象。然而，森林火灾过后，森林的这种功能会显著减弱，严重时甚至会消失。因此，严重的森林火灾不仅能引起水土流失，还会引起山洪暴发、泥石流等自然灾害。

（五）导致泥石流频发

森林多分布在山区，山高坡陡，一旦遭受火灾，林地土壤侵蚀、流失要比平原严重很多。大量的泥沙会被带到下游的河流或湖泊之中，引起河流淤积，并导致河水中养分的变化，使水的质量显著下降。河流水质的变化会严重影响鱼类等水生生物的生存。颗粒细小的泥沙会使鱼卵窒息，抑制鱼苗发育；河水流量的增加，加之泥沙混浊，会使鱼卵遭到破坏。此外，火烧后的黑色物质（灰分等）大量吸收太阳能，使得下游河流水温升高，鱼类容易因此染病。特别是喜欢在冷水中生存的鱼类，常常因森林火灾而大量死亡。

（六）污染环境

森林燃烧会产生大量的烟雾，其主要成分为二氧化碳和水蒸气，这两种物质约占所有烟雾成分的 90%～95%；另外，森林燃烧还会产生一氧化碳、碳氢化合物、碳化物、氮氧化物及微粒物质，约占 10%～5%。除了水蒸气之外，所有其他物质的含量超过某一限度时都会造成空气污染，危害人类身体健康及野生动物的生存。

（七）危及人身财产安全

森林火灾还会给人民生命、财产带来危害。林区的工厂、房屋、桥梁、铁路、输电线路、畜牧、粮食等常常受到森林火灾的威胁。例如，1987 年我国大兴安岭特大森林火灾烧毁 3 个林业局址（城镇）、9 个林场场址、4 个半贮木场（烧毁木材 85 万立方米）、桥梁 67 座、铁路 9.2 千米、输电线路 284 千米、房屋 6.4 万平方米、粮食 325 万千克、各种设备 2 488 台，造成 212 人死亡，直接经济损失 4.2 亿元人民币。

三、森林火灾的发生

森林燃烧是自然界中的一种燃烧现象。森林中的可燃物与空气或氧气发生火焰形式的发光发热反应，称为森林燃烧。

（一）森林燃烧条件

森林燃烧必须具备三个要素，即可燃物、氧气和一定的温度，三者构成燃烧三角。如果彻底破坏其中的任何一个要素，燃烧就会停止。

1. 可燃物

可燃物是指森林中可以燃烧的有机物，主要有死地被物、地衣、苔藓、草本植物、灌木、乔木和森林枯死物。

2. 氧气

燃烧是可燃物与氧气的化学反应，燃烧时不可缺少氧气。一般情况下，空气中含有21%的氧气，当空气中的含氧量低于15%时，燃烧就会停止。

3. 温度

燃烧除了需要可燃物和氧气之外，还需要一定的温度，因为燃烧这一化学反应在一定温度下才能进行。

（二）森林燃烧过程

森林可燃物从被点燃到熄灭的整个过程，称为森林燃烧过程。森林燃烧过程分为三个阶段，即预热阶段、气体燃烧阶段和固体燃烧阶段。

1. 预热阶段

可燃物受到外界热源作用开始增温，温度逐渐增高，可燃物的水分逐渐蒸发，随着大量水分的蒸发，产生大量的烟。这时只有部分可燃性气体挥发，但还不能燃烧，处于干燥的点燃前状态，该阶段称为预热阶段。

2. 气体燃烧阶段

随着温度的增高，可燃物被迅速分解成可燃性气体和焦油液滴，形成可燃性挥发物。可燃性挥发物与空气接触形成可燃性混合物。当可燃性挥发物达到燃点时，在固体可燃物的上方形成火焰，释放能量。该阶段称为气体燃烧阶段。

3. 固体燃烧阶段

在气体燃烧阶段后期，会在可燃物表面上发生缓慢的氧化反应，进行逐层燃烧。这一过程一般看不见火焰。该阶段称为固体燃烧阶段，又称木炭燃烧阶段。

（三）森林火灾的燃烧类型

根据森林燃烧部位、蔓延速度和方向、火强度和火焰高度以及蔓延的连续性，可以将森林火灾划分为地下火、地表火、树冠火、树干火四种基本燃烧类型。

1. 地下火

在地表下的泥炭、腐殖质和树根等地下可燃物燃烧和蔓延的火称为地下火。地下火多发生在长期干旱，有腐殖质和泥炭层的针叶林中。地下火一般不见火焰，但见冒烟；蔓延速度很慢，一般每小时仅几米。地下火不易扑灭，可以持续燃烧几天、几个月甚至更长时间。由于地下火燃烧产生高温，严重伤害森林植物根部，破坏力大，会导致森林植物死亡。

地下火也会烧到地面，引起地表火。反过来，地表火也会引起地下火。干旱季节的针叶林容易发生地下火。我国南方雨水充沛，湿度大，凋落物易分解，不容易发生地下火。

2. 地表火

地表可燃物被引燃，沿林地表面蔓延的林火称为地表火。地表火是最为常见的林火。它主要烧毁地被物和森林凋落物，危害幼林和灌木，烧伤树干和裸露的树根；如果地表火猛烈或可燃物成梯度连续分布会引起树冠火，或向下引燃地下火。按其蔓延速度，可分为急进地表火和稳进地表火。

（1）急进地表火。急进地表火蔓延速度通常达 5 米/分钟，往往燃烧不均匀，一般只烧掉森林凋落物和干枯杂草，对乔木和灌木危害较轻。

（2）稳进地表火。稳进地表火蔓延速度通常在 5 米/分钟以下，火燃烧持续时间长，可燃物燃烧彻底，即使火强度不高，同样会对林木造成较重危害。

3. 树冠火

森林的林冠层燃烧称为树冠火。通常，地表火遇到大风，可燃物成梯度连续分布和特殊地形就有可能烧上树冠。树冠火蔓延速度快，温度高，破坏力大，不易扑救。树冠火可以分为典型树冠火、冲冠火、连续型树冠火和间歇性树冠火。

典型树冠火是指在树冠沿水平方向蔓延的火，按其蔓延情况又可分为急进树冠火和稳进树冠火。

冲冠火是由于猛烈的地表火冲上单株树冠和树群树冠，引起树冠燃烧，一般发生在针叶树单株或针阔混交树群。地表可燃物载量大的地段往往容易引发冲冠火。

树冠火如果能够在树冠上持续燃烧就称为连续型树冠火，如果树冠火与地表火交替向前蔓延就成为间歇性树冠火。当林分中树木的树冠相互连接，或者彼此间的距离处于能够维持树冠持续的状态，就会形成连续型树冠火。如果林分中树木的树冠块状分布，某一树群烧完后树冠火暂时停止，而地表火继续燃烧；当地表火烧至另一树群时，地表火再次引燃树冠火，导致树冠火与地表火交替蔓延就成为间歇性树冠火。当间歇性树冠火转到地表火时往往是扑灭林火的有利时机，即趁树冠火转为地表火时，迅速将火控制或扑灭。

4. 树干火

树干火是指树干着火燃烧。树干着火燃烧可能仅仅是树干（皮）上的附生生物和树皮燃烧，也可能是地表火燃烧并引燃树干基部，将树烧倒后继续燃烧；更多的情况是雷击引起树干燃烧和高强度树冠火后期的树干燃烧。

地下火、地表火、树冠火和树干火，它们之间是可以相互转化的。地下火可以引起地表火，进而发展成树冠火和树干火。地表火可以引燃地下火。树冠火也可以因燃烧物下落引起地表火。各类型的林火可以单独存在，也可以两种或两种以上同时发生。

（四）森林火灾的起因

火源是指能够引发森林火灾的最低能量的热源。火源是引发森林火灾的关键因素。根据火源的属性，分为天然火源、人为火源和灾害引发的次生火源三大类。

1. 天然火源

天然火源是自然界发生或存在的，能够引发森林火灾的热源。常见的自然火源有雷击、火山爆发、陨石坠落、滚石碰撞产生的火花、堆积的可燃物发酵自燃等。

（1）雷击火。雷击是引起森林火灾最多的自然火源。当枯立木被击倒并燃烧时，很容易引燃地表可燃物，并迅速蔓延。

雷击火多发生在雷阵雨雨区边缘地带，在这一区域可燃物被雷击后容易持续燃烧。多发生在森林防火期后期、雨季到来的前期。在其他时段，即使雷击密度很大，也会因森林湿度大而不能形成火灾。

（2）其他天然火源，包括火山爆发、陨石坠落、滚石碰撞产生的火花、堆积的可燃物发酵自燃等。这些火源都具有罕见的偶发性。

2. 人为火源

人为火源是人们故意或非故意造成，引起森林火灾的热源。根据世界各国的统计，人为火源引起的森林火灾占总火灾次数的90%以上。按火源的性质可以分为生产性火源、生活用火、故意纵火和其他火源。

（1）生产性火源是指人们在生产活动中用火不慎产生的能引起森林火灾的热源。例如，林业领域常用火开展低强度计划烧除，以降低森林火险程度，清除带菌、带虫（卵）的凋落物以维护森林健康，促进天然下种更新等；牧业方面，烧草场以改良草场或使草场复壮等。

此外，在林区进行的其他生产性活动也会带来火源，如狩猎、烧炭、工程爆破、高压线断落等。

（2）生活用火是指人们因生活而产生的热源，包括日常生活、节庆活动和旅游活动等产生的热源如野炊、吸烟、燃放烟花爆竹等。

（3）故意纵火。故意纵火的原因复杂，有出于对社会不满的报复行为，也有产权纠纷导致对拥有者不满、仇恨而产生的报复行为。

（4）其他火源。包括境外火源和精神病人、智障人和小孩玩火等。

3. 灾害引发的次生火源

灾害引发的次生火源指因地震、龙卷风、泥石流、山体滑坡等自然灾害引发的输电线路起火、建筑物起火或输气（油）管线等起火；也包括飞机坠落、汽车碰撞引发的火灾。

四、森林火灾的预防

预防森林火灾，一直是我国非常关注的问题，也是森林保护的重要内容。在保护森林的过程中，预防火灾的发生尤为重要。

（一）国家森林防火体系

根据《森林防火条例》等有关规定，我国森林防火组织体系主要由国家森林防火指挥部、各级地方政府森林防火指挥部、基层单位森林防火组织机构、区域性森林防火联防组织、专业防火机构组成。

1. 国家森林防火指挥部

国家森林防火指挥部负责组织协调和指导全国的森林防火工作。国家森林防火指挥部办公室设在国家林业局，负责全国森林防火的监督和管理工作。

2. 各级地方政府森林防火指挥部

地方各级人民政府根据实际需要，组织有关部门和当地驻军设立森林防火指挥部，负责本地区森林防火工作。县级以上森林防火指挥部办公室，配备专职人员，负责日常工作。未设森林防火指挥部的地方，由同级人民政府林业主管部门履行森林防火指挥部职责。

3. 基层单位森林防火组织机构

林区国营林业企业单位、部队、铁路、农场、牧场、工矿企业、自然保护区和其他事业单位，以及村屯集体经济组织，应当建立相应的森林防火组织，在当地人民政府领导下，负责本系统、本单位范围内的森林防火工作。

4. 区域性森林防火联防组织

省、地、县、乡行政交界的林区，应建立区域性森林防火联防组织，互通情报，相互支援，定期召开联防会议，及时进行联防检查，总结、交流森林防火经验，共同做好联防工作。

5. 专业防火机构

在偏远的大面积国有林区，根据需要建立航空护林站、森林警察部队、林区派出所和专业护林队等专业组织，做好护林防火工作。有林单位和林区的基层单位，应配备专职护林员。

（二）开展宣传教育

大力开展森林防火宣传教育，是做好森林防火工作的前提和基础。不断强化全民的森林防火意识和法制观念，提高各级领导对做好森林防火工作重要性的认识和责任感，使森林防火工作成为全民的自觉行动。

1. 宣传的内容

一是森林火灾的危害性；二是介绍预防和扑救林火的基本知识；三是森林防火的各项规章制度，包括党和国家关于森林防火的方针、政策、法律，以及各地有关森林防火的法规；四是森林防火的先进典型和火灾肇事的典型案例。

2. 宣传的形式

多种手段、多种形式、多种渠道宣传政府发布的森林防火命令、指示，做到使群众喜闻乐见，广泛深入、家喻户晓、人人皆知。一是通过广播、电视、报刊等新闻单位开展森林防火宣传教育，进行具有及时性的教育；二是在交通要道和重点林区建立森林防火宣传牌、匾、碑等，开展具有持久性的宣传教育；三是印制森林防火宣传单、宣传函、宣传手册，举行森林防火知识竞赛，开展森林防火宣传一条街、宣传日、宣传周、宣传月活动，使宣传教育具有群众性；四是在森林防火期，悬挂森林火险等级旗和防火警示旗，对旅游等进山人员宣传，做到宣传教育具有针对性。

（三）依法治火

依法治火，就是使森林防火工作有法可依，并依据法律手段加强对森林防火工作的管理。

为了加强依法治火力度，各级领导要切实负起责任，公安、检察、法院等部门要紧密配合，严格落实国家颁布的《森林防火条例》，做到见火就查、违章就罚、犯罪就抓，绝不姑息迁就。

各地要从实际出发，有针对性地制定地方性配套法规，林区基层单位还应根据本单位的特点及国家森林防火的方针、政策、法规和地方性法规，制定确实可行的森林防火乡规民约，使森林防火工作有法可依，有章可循。

（四）火源管理

火源是引起森林火灾的关键。依法严格控制火源是森林防火的中心环节，是防止发生森林火灾最有效的办法。

1. 依法依规，严控火源

在发展社会主义市场经济的新形势下，人为火源明显增多。针对如烧荒烧灰、烧田基草、烧果园草、炼山造林、入山从事副业生产，以及旅游、狩猎、野炊、野外吸烟、上坟烧纸等现象，依法依规严格管控，在开展宣传教育的同时，对于违规作业要立即禁止、严厉处罚，防止灾害发生。

2. 落实责任，网格管理

一是落实各级领导责任；二是落实村委会、有林单位行政领导责任；三是落实农户、入山经营或施工人员的责任；四是落实护林员责任。采用签订责任状、防火公约、树立责任标牌等形式，把火源管理的责任落实到人头、山头、地块。一般采取领导包片、单位包块、护林员包点的形式。加强火源管理，严格检查，在森林防火特殊时期，杜绝一切火种入山，消除火灾隐患。

3. 齐抓共管，重点突出

火源管理是社会性、群众性很强的工作，必须齐抓共管，群防群治。各有关部门要在当地政府的领导下积极抓好以火源管理为主要内容的各项防火措施的落实。进一步完善火源管理制度，有针对性地强化火源管理力度。农忙季节、防火期和节假日是火源管理的重点时期，要密切监控高火险地域（田林交界、村庄附近、坟地周围和主要道路两旁等）、旅游景点、保护区、边境等重点部位。对进入林区的农事活动人员、其他经营活动人员、小孩和痴呆病人等重点人群做好劝阻工作。

知识链接

森林防火“十不准”

（1）不准在林区烧荒、开垦、烧地边。

（2）不准在林区烧灰积肥、烧秸秆。

（3）不准在林区烧火取暖及野炊。

（4）不准在林区吸烟、乱丢烟头、火柴梗及其他引火物品。

（5）不准在林区使用枪械狩猎、放火驱兽。

（6）不准在林区上坟烧纸、点蜡烛、燃放鞭炮。

（7）不准小孩和低智能人员在林区玩火及用火把照明。

（8）在三级风以上火险天气条件，不准在林区用火。

（9）不准在林区炼山造林。

（10）不准在林区实施爆破和实弹射击。

五、森林火灾的扑救

森林火灾扑救，即对森林火灾采取的控制和扑灭措施，目的是使火灾造成的损失降到最低程度。森林火灾的发生不可避免，如何有效地扑灭火灾，保护好森林资源是一项非常重要的工作。

由于森林火灾的发生须以可燃物、氧气（助燃物）和火源的存在为条件，采取的扑救措施应能隔离可燃物，或减少可燃物的蒸汽量使其低于着火下限；隔离空气，或使空气中氧的含量低于14%；还应使可燃物的温度降到燃点以下。按此原理，可将各种森林火灾扑救方法概括为：

（1）窒息法，如覆土、喷洒灭火剂和扑打等，可隔离燃烧所需的空气，达到灭火目的。适用于火灾发生初期。

（2）冷却法，即在着火可燃物上覆盖湿土或洒水等，使着火可燃物的温度降到燃点以下而灭火。

（3）隔离可燃物，如开设防火线，将已燃可燃物与未燃可燃物彻底分离；在可燃物表面喷洒化学阻滞剂，或大量浇水形成阻燃带，使其难燃或不燃。

（一）森林火灾扑救方法

森林火灾扑救主要通过隔离空气、降温到燃点以下、隔离可燃物的思路完成，按扑救时采取的手段，可分为直接灭火法、间接灭火法、航空灭火和人工降雨灭火。

1. 直接灭火法

直接灭火法适用于弱度、中强度的地表火。包括：

（1）扑打。用树枝、湿麻袋片或胶皮条绑在木棍上，沿火界边缘斜向火焰成45°角直接扑打灭火。扑打应一打一拖，直上直下会助长火势。

（2）覆土。在枯枝落叶层厚、森林可燃物多而杂乱的火场，可用此法。

（3）以水灭火。这是最普通、方便、廉价、效果又好的灭火方法。水有很大的热容量，温度每升高1 ℃，1 kg水可吸收约4 190 J热量；在蒸发时可吸收约2 220 kJ的汽化热量，因此具有很强的冷却作用；当水受热汽化时，每升水能变为1 500~1 700 L水蒸气，又能稀释进入燃烧区空气中的氧气浓度。此外，用压力喷出的水柱还能冲击着火的枯枝落叶，使其与泥土混合，起到灭火作用。

（4）化学灭火。短效化学灭火剂是在水中加入润湿剂如肥皂等，以降低水的表面张力，使之在可燃物表面迅速铺开，并渗入可燃物内部。长效化学灭火剂是在水中加入耐火磷酸铵或硫酸铵等化学药剂，可延缓或扑灭有焰燃烧和无焰燃烧。当水分完全蒸发后，这些药剂仍然有效。

（5）风力灭火。由发动机带动风机产生强大风力，起到降温和切断火源的作用而达到灭火目的，适用于低强度的沟塘火和地表火。

2. 间接灭火法

间接灭火法适用于高强度的地表火、树冠火和地下火。常用的有：

（1）隔离带法。在火场前方或周围开设防火线、防火沟等，以阻截火的蔓延。防火隔离带的设置应尽量与天然和人工屏障相结合。

（2）以火灭火法，包括火烧法和迎面火法。火烧法即将原有道路、河沟等自然屏障作为控制线，在控制线与火场之间点火，使火逆风烧向火场，两火相遇使火熄灭。但点火后必须将顺风烧向控制线的一侧火扑灭。此法一般在沟塘、缓坡、草厚的地区或风口处，当隔离带不能起到有效隔火作用，同时又不能对隔离带进行加宽时采用。

迎面火法多在大火逼近或遇到猛烈树冠火，用人力难以扑灭、来不及开出防火隔离带的情况下采用。一般将道路、河沟作为控制线，依靠有利的地形条件，在反气旋（产生逆风）形成后在火头前方点火。由于受反气旋作用，点燃的火就会被拉向火头方向迅速蔓延，两个火头相遇使火熄灭。点火的距离一般为火墙宽度（即火烽向前蔓延燃烧的宽度）的 20 倍左右。

3. 航空灭火

航空灭火适用于交通不便的偏远原始林区或次生林区。可由飞机在火场附近空降消防人员，迅速组织群众一起扑火，也可用直升机运送地面扑火人员到火场扑火，灭火后迅速返回基地。此外还可利用飞机喷洒灭火剂形成的隔离带阻截沟塘火、灌木火和草原火。对小火或刚起不久的火灾，可直接喷洒灭火剂灭火。

4. 人工降雨灭火

在森林火灾危险季节，经常会出现降雨的天气条件，但因未能达到临界点而不能下雨。用飞机或火箭在云层中撒布少量促进冰晶作用的成核剂（如干冰、碘化银、硫化铜、尿素和四聚乙醛等)，可促成降雨而灭火。

（二）森林火灾扑救过程

我国森林防火的方针是“预防为主，积极消灭”。一般在初期阶段，须将森林火灾限制在一定范围内，通过扑灭火焰和封锁火头，防止其发展；至平定火阶段，须控制火灾扩大，并在火场周围开设防火线；火平定后的熄灭火阶段，应进行巡逻监视，直到林火最终熄灭。

1. 确定主攻灭火地带

按火灾的不同威胁程度，将火场划分为非限制进展地带和限制进展地带。

（1）非限制进展地带：在火场边界外无天然或人为防火障碍物，火可以自由蔓延。非限制进展地带一般被确定为主攻灭火地带，控制其火势。

（2）限制进展地带：在火场边界外有天然或人工防火障碍物，火势不易扩大的区域。可在控制非限制进展地带的火势后消灭本地带的火。灭火时集中力量，首先截住火头，并组织一定人员扫清火星、火尾，扑灭不明显的小火，防止死灰复燃。

2. 抓住时机迅速扑灭

小火和刚发生的火，风小、逆风和风向转变时的火，空气湿度大、有小雨和有雾天气的火，以及下山火（坐火)、密林和水湿地带的火都较易扑灭。夜间风力小，温度低，湿度大，一般火势也弱。抓住这些有利时机，迅速扑救，能节省大量人力、物资，减少森林损失。

3. 牺牲局部，保存全局

在灭火人力、物力有限的情况下，为保存更多或价值较高的森林，可牺牲部分价值较低的次要林地。例如，可暂时放弃次生林、草地，集中力量保存人工林、原始林。在扑救一个火场时，先尽力扑灭火场的外围火，控制住后再扑救火场以内的火。

4. 彻底清理火场，消灭隐患

火灾扑灭后，如清理火场不彻底，树根、枯立木、病腐木、倒木等余火未灭，遇到大风就会复燃，造成新的火灾。因此，对火场须彻底检查，肃清火源。火场清理后，经过一个中午的风吹日晒，不再冒烟，方能陆续撤离火场，但仍需留下部分人员看守，在确认火场不会复燃后，才全部撤离。

六、森林火灾的逃生与自救

在森林中一旦遭遇火灾，应当尽力保持镇静，就地取材，尽快做好自我防护。

（一）逃生注意事项

1. 注意遮住口鼻

遭遇森林火灾，除了高温造成的热烤中暑、烧伤伤害外，浓烟和一氧化碳还会使人窒息、中毒，尤其是一氧化碳具有潜伏性，会降低人的精神敏锐性，中毒后不容易察觉。而且热浪会灼伤呼吸道，造成水肿窒息，迅速危及生命。因此，一旦发现身处森林着火区域，应尽可能用沾湿的毛巾、衣物遮住口鼻。附近有水的话最好把身上的衣服浸湿，这样就多了一层保护。

2. 注意风向的变化

风向决定了大火的蔓延方向，避险逃生绝不能顺着风向跑。顺风逃生，人在前面跑，火在后面追，很容易被大火吞噬。如果突然感觉到无风，不能麻痹大意，这时往往意味着风向可能发生变化，要密切注意。

（二）常用避险方法

1. 转移至安全地带避险

要迅速离开着火的危险区域，转移至没有植被或植被稀少的空旷地带，以及河流、湖泊、沼泽附近。切忌往山上跑。被大火包围在半山腰时，要快速向山下跑，通常火势向上蔓延的速度要比人跑的快得多。

如果身处木质房屋或有燃气等易燃易爆品的建筑物中，或者乘坐汽车被火围困时，要迅速离开建筑物和汽车，到空旷地带避险，防止剧烈燃烧和爆炸带来更大的伤害。

2. 当情况特别紧急，已经来不及转移时，才能视情况采取下面的避险方法

（1）点火解围避险。如果身处低矮稀疏的草丛，身上又带有火种，可以采取点火解围的方式避险。以林间小路、河流、小溪等为依托，在下风地段点火烧出一片区域，然后进入过火区域。大火袭来时，这片烧过的区域因为没有了可燃物，是相对安全的。

（2）冲越火线避险。通常情况下，如果地势比较平坦，火线高度不超过 1 米，强度不高，且燃烧比较充分的情况下，可以采取冲越火线避险。但冲越火线避险适用于专业人员，普通民众慎用。方法是选择火势较弱、火墙厚度相对较薄的地段，用湿毛巾或湿衣服捂住口鼻，快速冲越火线进入已经过火的区域，跑到烟小、没火的地方，根据地表可燃物情况，采取下蹲的姿势避险，最大限度减轻伤害。

（3）利用防护装具避险和卧倒避险。如果上述两种避险方式都来不及或者条件不具备、无法实施时，可以考虑利用防护装具避险和卧倒避险。

防护装具是指阻燃性很强的防火罩、防火毯，利用这些东西罩住身体，选择在没有可燃物或者可燃物较少的地方，头朝向火袭来的方向、面部朝下卧倒，同时在面部位置扒出土坑，潮湿的泥土可以保护呼吸道。切不可选择低洼地或坑、洞，因为低洼地和坑、洞容易沉积烟尘。

（三）逃生时避开危险地形

1. 陡坡

陡坡会改变林火的方向和蔓延的速度。随着山势坡度的增加，首先，会提高热辐射的传播；其次，火焰产生高温会使上层的空中可燃物预热。因此，其他条件相同时，火在坡地向上燃烧的速度比在平地要快。遇森林火灾，不要沿山坡向上逃生。

2. 鞍部

当风越过山脊鞍形场（即两山山脊之间相隔不远，且山谷与山脊的高度相差不大之处），容易形成水平和垂直旋风，容易对人造成伤害。

3. 狭窄山脊线（拱脊）

在狭窄山脊线（拱脊）产生的大量的热辐射和热传导，往往温度极高，人体无法忍受，而且此处容易形成飘忽不定的阵风和乱流动的空气，所以其林火的方向瞬息万变，难以预测。

4. 狭窄山谷

当风沿着山谷长度的方向吹，而峡谷的长度、宽度各处又不同时，在狭窄处风速则增加。火在峡谷处燃烧时速度极快。

5. 单口山谷

单口山谷只有一个进出口，即三面环山。这个地形就像我们生炉子时的那根排烟管道，为强烈的上升气流提供了通道，又为空气的补充创造了条件，在这种地形条件下，火势会越着越旺。

6. 草塘沟及灌木丛

窄谷草塘沟及灌木丛会改变林火方向，闭塞的山谷河道会增加热空气的传导速率，容易产生新火点。当窄谷通风状况不良，火势发展缓慢时，将产生大量烟雾并在谷内沉积，有大量一氧化碳形成。

（四）森林火灾伤害和急救

1. 火焰烧伤

（1）尽快脱掉着火的衣服，尤其是化纤衣物，化纤不仅易燃，还会融化并与皮肤粘连，使烧伤加重。

（2）身上着火千万不能奔跑，也不要连喊带叫或用手扑打火焰，因为奔跑时火焰会随风力增大烧得更旺，导致头面部、手部烧伤及吸入性损伤。

（3）迅速卧倒，慢慢在地上滚动，压灭火焰。但要注意倒下打滚的地方不能有可燃物。

（4）附近有水池、河沟的话，立即跳进去灭火。

（5）灭火后若条件允许，可将烧伤局部冲洗或浸泡在冷水中，可以减轻疼痛和烧伤的深度。

（6）急救处理后立即就医。

2. 浓烟熏呛和一氧化碳中毒

一氧化碳是浓烟中对人危害最严重的气体。当森林可燃物燃烧不完全时就会产生一氧化碳，引起中毒。一氧化碳中毒的症状是：呼吸紧迫、头痛、胸闷、肌肉无力、心悸、皮肤青紫、神志不清。

急救方法：

（1）立即用湿毛巾捂住口鼻或将脸贴近湿土呼吸。

（2）迅速将中毒者转移到空气较新鲜的地方。

（3）如果中毒者出现窒息，立即进行人工呼吸。

（4）急救处理后应送医院治疗。

第六章 网络安全

21 世纪是网络的世纪，网络已经成为世界发展重要的一部分，世界的发展离不开网络，国家的发展离不开网络，人民的生活离不开网络。利用网络我们可以获取来自世界各地的信息，可以联系世界每个角落的人，随着网络的不断发展，网络已经与我们的生活紧密相连，不可分割。

（1）网络安全的重要性。20 世纪 40 年代，随着计算机的出现，计算机安全问题也随之产生。计算机在社会各个领域的广泛应用和迅速发展，使人类社会步入了信息时代，以计算机为核心的安全、保密问题越来越突出。当今社会是信息化社会，计算机通信网络在政治、军事、金融、商业、交通、电信、教育等方面的作用日益凸显，人们建立了各种完备的信息系统，使得人类社会的一些机密和财富高度集中于计算机中。

（2）我国网络安全现状。当前，我国的网络安全面临着严峻形势。互联网上频繁发生的大规模黑客入侵与计算机病毒泛滥事件，使我国很多政府部门、商业和教育机构等，都受到了不同程度的侵害，有些甚至造成了很坏的社会影响和重大的经济损失。

第一节　网络安全的概念与基本原则

一、网络安全的概念

网络安全是指网络系统的硬件、软件及数据能够受到保护，不会由于故意或过失而遭到破坏、更改、泄露等意外的发生，保证系统能够连续、可靠、正常地运行，网络服务不中断。网络安全主要包括实体安全、软件安全、数据安全和运行安全四个方面。

（一）实体安全

实体安全包括硬件、存储介质和外部环境的安全。硬件主要是指网络中的各种设备和通信线路，如电缆、主机、工作站、服务器、交换机、路由器等；存储介质包括磁盘、光盘等；外部环境则主要指计算机设备的安装场地、供电系统及设施的安全标准。保障网络实体安全，就是要保护这些硬件设施能够正常工作而不被损害。

（二）软件安全

软件安全是指网络软件及各个主机、服务器、工作站等设备所运行的软件安全。保障软件安全，就是保护网络系统不被非法侵入，系统软件与应用软件不被非法复制、篡改，不受病毒的侵害等。

（三）数据安全

数据安全是指网络中所存储和传输数据的安全，主要体现在数据的隐蔽性和防篡改的能力上。保障网络数据安全，就是保护网络中的数据不被非法存取，保证其完整一致等。它是保障网络安全的最根本目的。

（四）运行安全

运行安全是指网络中的各个信息系统能够正常运行并能正常地通过网络交流信息。保障运行安全，就是通过对网络系统中的各种设备运行状况进行监测，发现不安全因素时，及时报警，通过采取计算机安全技术、建立安全管理制度、开展安全审计、进行风险分析等措施，消除不安全状态以保障网络系统的正常运行。

二、网络安全的基本原则

21 世纪初，发生过多起针对各个国家行政机构的“黑客”攻击事件，各类机构通常都以较独立的方式来应对各种风险。网络安全仅仅是单独的应急方案的统称，同更系统化的风险没有任何关系。现有的防御协调包含开发统一标准的解决方式，而不是协调行动的能力。自 2007 年起，联合国、北约、欧盟和其他国际组织纷纷引入了新的网络安全政策，内容涉及数据保护、电子商务、电子通信和信息准入、刑事责任等方面，并逐步形成了若干网络安全基本原则。

（一）领土原则

《中华人民共和国网络安全法》（以下简称《网络安全法》）第一条“立法目的”开宗明义，明确规定要维护我国网络空间主权。网络空间主权是国家主权在网络空间中的自然延伸和表现。《联合国宪章》确立的主权平等原则是当代国际关系的基本准则，覆盖国与国交往各个领域，其原则和精神也应该适用于网络空间。领土原则即一国领土内的信息基础设施应受该国领土主权管辖。各国政府都可以对坐落在其境内的信息设施行使有效的控制，如保证记录的有效和质量、保持对电子交换服务提供商的监控、理解管辖范围内存在的威胁及自身应对各类事件的能力、平衡信息社会发展和国家安全利益等。

（二）责任原则

网络攻击发起自一国境内的信息系统即为该事件归属的证据。

（三）信息保护原则

网络数据的信息基础设施应被视为是个人的，除非法律另有规定。

（四）授权原则

一个机构对数据和信息进行管理的能力来自用户对它的授权。

（五）合作原则

网络空间安全仅仅依靠政府单一主体是无法实现的，需要政府、企业、社会组织、技术社群和公民等网络利益相关者的共同参与。

（六）犯罪行为原则

各国都有责任将最常见的网络攻击行为纳入刑法。在刑法中，根据罪刑法定原则，网络攻击已经被定义为只有在这些行为构成刑事犯罪时才能被调查和起诉。

（七）信息披露原则

公众有权了解自身在生活、安全和福利方面遭遇的网络威胁。信息的持有者有义务向生活、健康和财产受到威胁的个人披露已掌握的信息。

（八）预警举报原则

互联网服务商有义务通知潜在受害者关于已知的、将会发生的网络攻击。《网络安全法》规定：任何个人和组织有权对危害网络安全的行为向网信、电信、公安等部门举报。收到举报的部门应当及时依法做出处理；不属于本部门职责的，应当及时移送有权处理的部门。《网络安全法》明确了公民对危害网络安全行为的举报权利，政府部门受理、处置公民举报的责任，保障了公民通过网络举报参与网络空间治理的有效性。

（九）注意责任原则

人人都有责任对自己的信息基础设施采取合理的安全措施。注意责任的概念在法律中的很多方面都沿用已久：个人有义务保护自己处理的信息、来自信息保护法律框架的尽责义务、信息社会服务、客户保护等。同样，个人也有义务向运营者提供真实的个人信息。《网络安全法》规定：网络运营者为用户办理网络接入、域名注册服务，办理固定电话、移动电话等入网手续，或者为用户提供信息发布、即时通讯等服务，应当要求用户提供真实身份信息。用户不提供真实身份信息的，网络运营者不得为其提供相关服务。

（十）自我防卫原则

人人都有权利自我防卫。自我防卫的概念在《刑法》和国际法中均有涉及。原则上来说，根据行动的合适性和必要性，每个人都有自我防卫的权利。在《刑法》中，如果受害人有理由相信自己将会遭受非法势力的侵犯，则其在自我防卫中采取的在正常情况属于违法的行动将不用承担任何法律责任。这并不是说每次网络“还击”都是合法的，这应该是最后的选择。

（十一）网络通信管制原则

现实社会中，出现重大突发事件，为确保应急处置、维护国家和公众安全，有关部门往往会采取交通管制等措施，网络空间也不例外。《网络安全法》规定：因维护国家安全和社会公共秩序，处置重大突发社会安全事件的需要，经国务院决定或者批准，可以在特定区域对网络通信采取限制等临时措施。例如，在暴恐事件中，恐怖分子越来越多地通过网络进行组织、策划、勾连活动，这个时候可能要对网络通信进行管制。但是这种管制影响是比较大的，因此，《网络安全法》规定实施临时网络管制要经过国务院决定或者批准。

第二节　规范上网行为

网络给现代人的生活、工作和学习等带来了极大的便利，更是受到了求知欲旺盛、好奇心强、追求时尚的大学生的青睐。网络使我们的生活发生了变化，给生活带来光环的同时，也带来了新的问题。著名学者钱钟书在《窗》中曾说过：“有了门，我们可以出去；有了窗，我们可以不必出去。窗子打通了大自然和人的隔膜，把风和太阳逗引进来，使屋子里也关着一部分春天，让我们安坐了享受，无需再到外面去找。”网络也如一扇窗，它为我们引来了“春天”，也引来了“暴风”和“洪水”。因此，规范自己的上网行为是十分必要的。

一、树立正确的网络观

“网络观”应该是人们对信息网络总的看法和观点。树立正确的网络观，有助于廓清对网络的科学认知、准确定位及规范化管理。大学生要正确、合理地利用网络，方便自己的学习和生活，而不能利用网络来危害他人、危害社会。网络已不再是一片净土，因其传播地域之广、速度之快、门槛之低早已成为谣言的“温床”。网络谣言具有隐蔽性、炒作性、攻击性、报复性、宣泄性、诱惑性、强迫性等特点，属于“重污染”，很轻易地就能对社会环境造成严重的“污染”，甚至引导舆论向着“万丈深渊”发展。

（1）遵守互联网有关法规。掌握互联网技术的基本操作技能，合法运用各种网络技术及硬、软件的使用方法，知晓计算机和网络以外的其他信息技术知识，能够主动地向其他网民传播健康文明上网的理念等。

（2）要坚定政治立场，明确公民角色。不在网上发布违反社会主义文明建设、损害国家和集体利益、破坏国家法规、扰乱公共秩序的言论，不利用网络混淆视听、煽动闹事。

（3）学会认知，提高自身的辨别力和免疫力。网络也存在各种不健康因素。学会利用网络，精选内容，主动筑起一道思想“防火墙”，增强对网络文化的识别、知觉能力和抵抗诱惑的能力。

（4）树立正确的网络信息意识，提高网络安全意识和个人防范意识，正确利用网络信息资源。要善于利用网络辅助学习，学会从网上选择并吸收正确的、健康的、有意义和有价值的知识、信息和观点，为己所用。把网络作为文明的窗口，探求知识的海洋。

（5）合理安排上网时间。正确对待网络游戏等娱乐资源，切勿过度沉溺而玩物丧志，影响学业。

（6）要尊重他人的知识产权。不利用各种网络设备或技术手段进行用户账户及口令的侦听和盗用行为，不利用网络进入未经授权的计算机。

（7）不在网上使用可能引发病毒传染的各种来历不明的软件。

（8）不侵入他人系统窃取信息和他人的智力成果、非法控制他人视频，严禁制作恶意代码或传播病毒。

（9）网络交际要真诚友好，要增强自我保护意识，不随意约会网友。对“网婚”“虚拟社区”等要保持警惕和距离。

（10）要关心、维护网络这一公共平台的安全，不破坏网络秩序。

二、养成良好的网络文明习惯

构建和谐、文明的网络，不仅需要创造与开发网络产品的人积极努力，更需要利用网络信息产品的人来共同营造。网络是大家共有的家园，这里虽然是虚拟的世界，但人类普遍的道德准则、荣辱观念在这里同样适用。

养成良好的网络文明习惯应做到以下几点。

(1) 认真学习并自觉遵守共青团中央等部门发布的《全国青少年网络文明公约》，养成文明上网的良好行为习惯。

(2) 不在网上发表不负责任的言论，不在网上制造信息垃圾。

(3) 不在网上刊载不健康、不负责任（消极、颓废、色情、迷信、暴力、捕风捉影、故弄玄虚、信口雌黄等）的文字和图片，不链接不健康网站。

(4) 不提供不健康内容搜索，不发送不健康短（彩）信，不开设不健康声讯服务，不运行带有凶杀、色情内容的游戏，不登载不健康广告。

(5) 不在网站社区、论坛、新闻跟帖、聊天室、博客等场所中发表或转载违法、庸俗、格调低下、损害他人的言论、图片、音视频信息。

(6) 不发表庸俗无聊、低级趣味及封建迷信等方面的言论。不利用网络做造谣生事、冒名顶替、诬蔑欺骗、搬弄是非、骚扰恐吓的事情。

(7) 要充分利用好网络，积极发挥个人的创造性，主动为宣传网络文明、传播网络文明、建设网络文明做贡献。开辟文明的阵地，主动承担起服务社会的责任，参与创造网络文明。

三、预防网络心理疾病

使用计算机或手机上网要注意心理安全，预防以下几种心理疾病。

(一) 计算机（手机）依赖成瘾

使用者没有明确目的，不可抑制地长时间操作计算机（手机）或上网浏览网页、玩游戏等，几乎每天上网五六个小时，经常熬夜上网，网瘾日益严重。一段时间若不能上网，便会产生失落感、空虚感、焦虑感，烦躁不安，想找人吵架或攻击别人。有的心情郁闷，百无聊赖，产生悲观厌世的情绪甚至自杀念头。

(二) 网络交际成瘾

有些人在现实生活中不愿与人直接交流，不合群，沉默寡言，但喜欢网络交际，经常上网聊天或通过其他网络交流方式与人交流思想感情，一天不上网交流，就浑身不舒服。有的成为博客型网民，恨不能时刻“挂”在网上。

(三) 追求刺激，炫耀智慧

有些人掌握了计算机技术，就跃跃欲试，在不断破解别人电子密码、攻破网络禁区中寻求刺激，乐此不疲。自恃“身怀绝技”，把网络当成施展高智商的舞台，解密攻关成瘾，专门挑战保密单位、军事部门或政府机关网站，进行非法入侵窥探、捣乱活动。

(四) 恶作剧心理

有些人缺乏社会责任感和自我约束能力，道德观念淡薄，拿别人开玩笑，给别人制造麻烦，捉弄他人。

(五) 报复、陷害心理

因为达不到某种目的或与人有矛盾纠纷，或者自认为遭受不公正的待遇等，对他人实行报复或陷害。

(六) 法盲侥幸心理

以为互联网无国界、无法律、无警察；以为利用计算机违法无形无影，留不下痕迹和证据；

以为执法机关精通计算机的人不多，未必能侦查破案。其实，我国及世界上许多国家都有网络警察，其中有许多网络高手，专门打击计算机违法犯罪活动。

四、正确上网使用计算机（手机）

正确上网的方法如下。

（1）上网时间要自我约束，特别是夜间上网时间不宜过长。

（2）注意操作姿势。荧光屏应该与双眼水平或者处于双眼稍下的位置，与眼睛的距离应在60厘米左右。

（3）敲击键盘的前臂与臂肘呈90°。室内光线不可太暗，应柔和。手指敲击键盘的频率不宜过快。

（4）尽量选用辐射较低的显示器，或者使用防辐射器材，避免显示器的电磁辐射危害人体健康。

（5）注意计算机使用条件的卫生，尽量去有合法营业资格、安全保障、照明条件好、空气流通的网吧，在家和宿舍上网也要经常通风、换气。

（6）在饮食上多吃富含维生素和蛋白质的食物，如胡萝卜、苦瓜、动物的肝脏等。

（7）平时多参加体育运动，丰富自己的业余生活，如打球、参加社团活动、唱歌等。

（8）一旦出现网络成瘾综合症，不要紧张，要停止上网并合理休息，及时到医院接受心理和生理上的诊断。

总之，大学生在上网时要规范自己的网络行为，遵守相关的规定，做一个文明的网民。

第三节　学会识别网络陷阱

网络作为一种新的社会文明载体在高校的蓬勃发展，使得高校成为中国社会网络化的发展前沿。但网络只是一种媒介和工具，它对人与社会的作用取决于人们如何使用它。所以，大学生要正确地认识并利用网络，趋其利而避其害，远离网络误区，让自己赢在信息网络时代。

一、常见网络不良信息分类

根据有关调查数据显示，目前青少年，尤其是刚刚步入大学校园的大学生接触的不良信息主要有暴力、色情、恐怖内容，占其接触所有不良信息的57%。此外，网络赌博、语音室骂聊现象也有蔓延之势。

（一）虚假信息

虚假广告、虚假新闻、虚假身份在整个网络空间中层出不穷，由于网络传播的特性使然，各种不真实信息在网络上“粉墨登场”。这让不少大学生产生一种错觉，认为在网上发布信息是随意的，可以不用负任何责任，于是用假名、说假话、不负责任地胡言乱语成了一种时尚。在调查中，76.4%的调查对象认为自己不会在网上公布真实的个人信息。该群体觉得网络媒体不像传统媒体那样具有权威性，对网络信息内容常持怀疑态度。

（二）暴力内容

网络暴力往往通过网络游戏中的枪战、暗杀、绑架、帮派行会等方式表现出来。据统计显示，在网络上流动的非教育信息中有69%的内容涉及暴力。在调查中，当问及“玩游戏时，有无被人故意打杀或故意打杀别人”时，50%以上的回答是肯定的。目前，很多大型的网络游戏及相关网站都存在暴力的内容，这对大学生的健康成长产生了巨大的负面影响。在游戏中，如果杀了对方，作为一种奖励就可以占有他的财产。未成熟的青少年如果大量地接触这类游戏和网站，会对游戏中的暴力场面和暴力行为习以为常，觉得打人、杀人如家常便饭，不必大惊小怪，并且会形成一种只要打败、杀掉他人就会获得财产的错误思想，那么现实生活中一旦遇到这种事情，未成熟的青少年不会冷静地思考，而会采取类似的暴力途径来解决。

（三）网络赌博

近年来，网络赌博盛行，有关赌博的网络游戏、赌博网站大量出现，由于上网赌博下注相当方便，因而吸引了无数人参与，越来越多的人沉迷于网络赌博不能自拔。一些未成年人由于缺乏赌博资金，通过盗窃、抢劫、诈骗等手段去获取，从而走上违法犯罪道路。

（四）聊天中的粗俗内容

网络聊天在很大程度上是匿名交流，这为一些不善于社交、性格内向的人提供了一种袒露个人隐私和宣泄情感的方式。据相关调查结果显示，语音聊天已经成为吸引未成年人上网的又一重要因素。

网络不良信息的传播途径是双向的，大众的主体地位得到体现，他们可以主动去获取自己所需要的信息。自制力较弱的青少年往往出于好奇心或一时冲动，刻意去寻找一些不良信息。从各种角度来看，网络中不良信息的传播对自制力较弱的青少年产生了巨大的负面影响。

二、常见的网络犯罪行为

（一）网上诈骗

网上诈骗是指通过伪造信用卡、制作假票据、篡改计算机程序等手段来骗取财物的犯罪行为。

（二）传播网络病毒

网络病毒就像一味毒药，随时会侵害网络机体的健康。网络病毒具有扩散面广、种类翻新迅速、传播速度快、破坏性强、清除难度大及针对性强等特点，对网络安全和网络运行秩序等构成了严重的威胁，造成了重大破坏。

（三）黑客骚扰破坏

黑客行为不仅对网络信息和网络安全构成了巨大的威胁，而且严重扰乱了网络社会的正常秩序，从而给其他网络行动者及整个网络社会造成了难以弥补的物质、精神和心理损失，已成为网络空间中一个严重的社会问题。

知识链接

(1) 黑客。最早源自英文 hacker，早期在美国的计算机界是带有褒义的。他们都是水平高超的计算机专家，尤其是程序设计人员。通常是指对计算机科学、编程和设计方面具有高度理解的人。

(2) 红客。维护国家利益，为自己国家争光的精通计算机的技术人员，他们热爱自己的祖国、民族、和平，极力维护国家安全与尊严。

(3) 蓝客。信仰自由，提倡爱国主义的黑客们，用自己的力量来维护网络和平。

(四) 侵犯他人隐私

被称为"个人生活权利"的个人隐私权是受法律保护的一项天赋权利。保护隐私是对人性自由和尊严的尊重，是一项基本的社会伦理要求，也是人类文明进步的一个标志。然而，一些大学生破译、窃取、盗用他人的网络账号和密码，窥视、利用他人的电子邮件、远程登录文件传输的内容；肆意地对他人的个人资料进行多方传播，揭人隐私，损害他人的身心健康；对个人信息进行任意歪曲。这些行为已经严重损害到他人的合法权益。

(五) 恶意攻击他人

对他人进行人身攻击是一种极不道德的行为，不符合大学生思想道德的要求。然而，部分大学生为发泄个人私愤，借助网络的隐蔽性，在网上发表对高校管理不满的言论，恶意散布种种虚假信息和流言蜚语；侮辱、谩骂、诽谤他人，毁人形象；对学校领导、教师和同学进行人身攻击。这些行为多是由于他们缺少客观分析的理智和能力，以个人的喜好和意志作为判断是非的标准，是一种不负责任的行为。

三、网络给大学生带来的危害

(一) 妨碍社会交际能力的培养

网络交友是在虚拟情景下进行的，并非面对面交往，这种人机方式的交往影响了大学生正常的交往方式，极易产生人际关系的冷漠，产生新的人际障碍，从而阻碍他们的心理健康发展。一方面，网络交友主要通过文字来进行交流，而使交际口才得不到锻炼，羞怯心理得不到纠正，交际行为得不到规范；另一方面，由于网络的虚拟性，交往双方真实的内心世界很难辨别，易受到蒙骗，结果使内心更加封闭，久而久之，导致他们只愿意在网络上寻求虚拟的人生，而消极地对待现实世界。这对于那些原来就有人际交往障碍但又渴望别人关心、理解的大学生更为不利。

(二) 引发崇尚暴力的心理倾向及网络游戏成瘾

新颖刺激的网络游戏，对大学生具有强烈的吸引力和难以抗拒的诱惑力，很多大学生无节制地痴迷于游戏之中而不能自拔（网络游戏成瘾）。而大量网络暴力游戏的存在，致使一些涉世不深的大学生的情感和行为大大强化，形成暴力崇拜，导致他们在生活中也通过暴力解决问题，用暴力达到自己的目的。

（三）形成失范心理，导致网络散漫症

网络采用的是分散结构体系，具有不可控制性。在网上，主体匿名匿形，身份虚幻，人们可以不再受物理时空的限制自由交往，人与人之间不同的思想观念、价值取向、风俗习惯和生活方式进行着直接的冲突，合法与违法、罪与非罪很难判断。因此，大学生很容易形成脱离社会规范的失范心理，用散漫的思想来指导现实生活，缺乏组织纪律性，生活随意，进而导致社会责任感削弱和自由意识泛滥，不利于其健康成长。

第七章
自然安全

一、自然灾害

自然灾害是指由于自然异常变化造成的人员伤亡、财产损失、社会失稳、资源破坏等现象或一系列事件。它的形成必须具备两个条件：一是要有自然变异作为诱因，二是要有受到损害的人、财产、资源作为承受灾害的客体。

地球上的自然变异，包括人类活动诱发的自然变异。自然灾害孕育于由大气圈、岩石圈、水圈、生物圈共同组成的地球表面环境中，无时无地不在发生。当这种变异给人类社会带来危害时，即构成自然灾害，因为它给人类的生产和生活带来了不同程度的损害，包括以劳动为媒介的人与自然之间，以及与之相关的人与人之间的关系。灾害一般都具有消极的或破坏性的作用。所以说，自然灾害是人与自然矛盾的一种表现形式，具有自然和社会两重属性，是人类过去、现在、将来所面对的最严峻的挑战之一。

二、自然灾害种类

世界范围内重大的突发性自然灾害包括：旱灾、洪涝、台风、风暴潮、冻害、雹灾、海啸、地震、火山、滑坡、泥石流、森林火灾、农林病虫害等。我国是世界上自然灾害最为严重的国家之一，灾害种类多，分布地域广，发生频率高，造成损失重。近年来，基于对自然灾害形势的研判，我国不断探索，确立了以防为主、防抗救相结合的工作方针，积累了宝贵经验，综合防灾减灾救灾能力明显提升。我国先后颁布了单灾种的《中华人民共和国水土保持法》《中华人民共和国防震减灾法》《中华人民共和国防洪法》《中华人民共和国消防法》《中华人民共和国气象法》《中华人民共和国防沙治沙法》和《中华人民共和国突发事件应对法》等专门减灾法。其中，前六部法律的出台，以及后来一系列国家应急预案，即《国家突发公共事件总体应急预案》《国家自然灾害救助应急预案》《国家防汛抗旱应急预案》《国家地震应急预案》《国家突发地质灾害应急预案》和《国家处置重、特大森林火灾应急预案》等，是“国际减轻自然灾害十年活动”的伟大成绩，这些立法基本上涵盖了我国单灾种型自然灾害。

2017 年 1 月，《中共中央 国务院关于推进防灾减灾救灾体制机制改革的意见》公布，对推进防灾减灾救灾体制机制改革明确了五项基本原则：坚持以人为本，切实保障人民群众生命财产安全；坚持以防为主、防抗救相结合；坚持综合减灾，统筹抵御各种自然灾害；坚持分级负责、属地管理为主；坚持党委领导、政府主导、社会力量和市场机制广泛参与。

自然灾害是地理环境演化过程中的异常事件，却成为阻碍人类社会发展的最重要的自然因素之一。

三、自然灾害特征

自然灾害通常是剧烈的，其破坏力极大，持续时间有长有短。一次灾难事件持续时间越长，受害者受到的威胁就越大，事件的影响也就越大。灾难包括很多因素，它们会引起受伤和死亡、巨大的财产损失以及相当程度的混乱。

自然灾害的特征归结起来主要表现在以下六个方面。

（一）广泛性与区域性

一方面，自然灾害的分布范围很广，不管是海洋还是陆地，地上还是地下，城市还是农村、平原、丘陵、山地、高原，只要有人类活动，自然灾害就有可能发生；另一方面，自然地理环境的区域性又决定了自然灾害的区域性。

（二）频繁性和不确定性

全世界每年都会发生大大小小的自然灾害，非常多。近几十年来，自然灾害的发生次数还呈现出增加的趋势。而自然灾害发生时间、地点和规模等的不确定性，又在很大程度上增加了人们抵御自然灾害的难度。

（三）周期性和不重复性

在自然灾害中，无论是地震还是干旱、洪水等，它们的发生都呈现出一定的周期性。人们常说的某种自然灾害“十年一遇、百年一遇”，实际上就是对自然灾害周期性的一种通俗描述。自然灾害的不重复性主要是指灾害过程、损害结果的不可重复性。

（四）联系性

一方面是区域之间具有联系性。例如，南美洲西海岸发生“厄尔尼诺”现象，有可能导致全球气候紊乱；美国排放的工业废气，常常在加拿大境内形成酸雨。另一方面是灾害之间具有联系性。也就是说，某些自然灾害可以互为条件，形成灾害群或灾害链。例如，火山活动就是一个灾害群或灾害链，火山活动可以导致火山爆发、冰雪融化、泥石流、大气污染等一系列灾害。

（五）严重性

全球每年发生可记录的地震约 500 万次，其中有感地震约 5 万次，造成破坏的近千次，而里氏 7 级以上足以造成惨重损失的强烈地震，每年约发生 15 次；干旱、洪涝两种灾害造成的经济损失也十分严重，全球每年可达数百亿美元。

（六）不可避免性和可减轻性

由于人与自然之间始终充满着矛盾，只要地球在运动、物质在变化，只要有人类存在，自然灾害就不可能消失，从这一点看，自然灾害是不可避免的。然而，充满智慧的人类，可以在越来越广阔的范围内进行防灾减灾，通过采取避害趋利、除害兴利、化害为利、害中求利等措施，最大限度地减轻灾害损失，从这一点看，自然灾害又是可以减轻的。

国家应急管理部发布的 2022 年全国自然灾害基本情况显示，全年各种自然灾害共造成

1.12 亿人次受灾，农作物受灾面积 12 071.6 千公顷，直接经济损失 2 386.5 亿元。受极端灾害天气影响，发生珠江流域性洪水、辽河支流绕阳河决口、青海大通及四川平武和北川山洪灾害、长江流域夏秋冬连旱、南方地区森林火灾等重大灾害。

2022 年全年洪涝灾害共造成 3 385.3 万人次受灾，因灾死亡、失踪 171 人，直接经济损失 1 289 亿元。此外，全国共发生滑坡、崩塌、泥石流等地质灾害 5 659 起，以中小型为主，主要集中在中南、华南、西南等地。

2022 年全年相继发生年初珠江流域冬春连旱、4~6 月黄淮海和西北地区春夏旱、长江流域罕见夏秋冬连旱。旱情峰值时，全国共有 5 245.2 万人次受灾，因旱需生活救助 758.5 万人次，农作物受灾面积 6 090.2 千公顷，直接经济损失 512.8 亿元。

自然灾害发生后，给人类带来的危害极大，这种灾害，不仅体现在生命、财产、环境等方面的巨大损失，对人类的灾后行为和精神健康也有方方面面的影响。例如，灾难会带来实质性的创伤和精神障碍，并不是所有的痛苦在灾后一两年内就会消失，人们都能够自我调整；由灾难引起的慢性精神障碍非常少见，但仍存在；有些灾难的整体影响可能是正面的，它可能会增加社会的凝聚力，但灾难扰乱了组织、家庭及个体生活，负面效应仍处处存在。

自然灾害会引起压力、焦虑、压抑以及其他情绪和知觉问题。影响的时间以及为什么有些人不能尽快适应仍然是未知数。在洪水、龙卷风、飓风以及其他自然灾害过后，受害者表现出恶念、焦虑、压抑和其他情绪问题，这些问题有可能持续一年。

四、自然灾害应对常识

古往今来，无论人类社会如何发展，灾难事故总是不断发生，威胁着人类的生命和财产安全。虽然灾害事故不可能完全消除和避免，但是国内外的大量实践证明，灾害事故是可以防范的，有效的防护措施能降低灾害事故所带来的损害。面对自然灾害，你知道如何进行有效的自救吗？

（一）台风

台风是热带气旋的一个类别。在气象学上，按世界气象组织定义：热带气旋中心持续风速在 12 级至 13 级（每秒 32.7~41.4 米）称为台风（typhoon）或飓风（hurricane）。飓风的名称使用在北大西洋及东太平洋；而北太平洋西部（赤道以北，国际日期变更线以西，东经 100 度以东）使用的近义词是台风，当台风继续加强时就称为强台风。

知识链接

根据中国气象局《关于实施〈热带气旋等级〉国家标准（GBT 19201—2006）的通知》，热带气旋按中心附近地面最大风力划分为六个等级：热带低压（最大风力 6~7 级）、热带风暴（最大风力 8~9 级）、强热带风暴（最大风力 10~11 级）、台风（最大风力 12~13 级）、强台风（最大风力 14~15 级）和超强台风（最大风力≥16 级）。

台风是一个深厚的低气压系统，它的中心气压很低，低层有显著向中心辐合的气流，顶部气流主要向外辐散。台风常带来狂风、暴雨和风暴潮。从水平方向看，台风有明显不同的三个区域，从中心向外依次为：台风眼区、云墙区、螺旋雨带区。

台风的风速究竟有多快，没有人真正知道，因为台风从发生至消散的时间短，以至于现有的探测仪器没有足够的灵敏度来对台风进行准确的观测。相对来说，多普勒雷达是比较有效和常用的一种观测仪器。多普勒雷达对准台风发出微波束，微波信号被台风中的碎屑和雨点反射后重被雷达接收。如果台风远离雷达而去，反射回的微波信号频率将向低频方向移动；反之，如果台风越来越接近雷达，则反射回的信号将向高频方向移动。接收到信号后，雷达操作人员就可以通过分析频移数据，计算出台风的速度和移动方向。这样，我们就能对台风进行一定的预防了。

如何应对台风灾害呢？台风袭来时，应打开门窗，使室内外的气压得到平衡，以避免风力掀掉屋顶，吹倒墙壁；在室内，人应该保护好头部，面向墙壁蹲下；在野外遇到台风，应迅速向台风前进的相反方向或者侧向移动躲避；台风已经到达眼前时，应寻找低洼地形趴下，闭上口、眼，用双手、双臂保护头部，防止被飞来物砸伤；乘坐汽车遇到台风，应下车躲避，不要留在车内。

（二）洪涝

洪涝是指因大雨、暴雨或持续降雨使低洼地区淹没、渍水的现象。洪涝主要危害农作物生长，造成农作物减产或绝收，影响农业生产及其他产业的正常发展。其影响是综合的，还会危及人的生命、财产安全，影响国家的长治久安。

大家记忆最深刻的莫过于 1998 年的那次大洪水了。1998 年的大洪水包括长江、嫩江、松花江等流域。其中，长江洪水是继 1931 年和 1954 年两次洪水后，20 世纪发生的又一次全流域型的特大洪水之一；嫩江、松花江洪水同样是 150 年来最严重的全流域特大洪水。全国共有 29 个省（区、市）遭受了不同程度的洪涝灾害，受灾面积 3. 18 亿亩，成灾面积 1. 96 亿亩，受灾人口 2. 23 亿人，死亡 4 150 人，倒塌房屋 685 万间，直接经济损失达1 660 亿元。

从洪涝灾害的发生机制来看，洪涝具有明显的季节性、区域性和可重复性。例如，我国长江中下游地区的洪涝几乎都发生在夏季，并且成因也基本相同，而在黄河流域则有不同的特点。同时，洪涝灾害具有很大的破坏性和普遍性。洪涝灾害不仅对社会有害，而且能够严重危害相邻流域，造成水系变迁。在不同地区均有可能发生洪涝灾害，包括山区、滨海、河流入海口、河流中下游及冰川周边地区等。但是，洪涝仍具有可防御性。人类不可能根治洪涝灾害，但通过各种努力，可以尽可能地减少灾害的影响。

知识链接

当遭遇暴雨被困车内时，我们应该如何应对呢？

首先，打碎车窗，当汽车被淹且车门、车窗锁死时，不要惊慌失措。因为这种情况下不会很快威胁到生命，车内仍有一部分氧气能够维持逃生，车厢内短时间不会灌满水。正确的方法是找尖锐的物品击碎玻璃，如女士的高跟鞋等，猛击玻璃中心位置，把车窗砸碎后逃生。

其次，不要在水刚淹没车子的时候去开车门，因为水下的压力非常大，这时候尝试打开车门几乎是一件不可能的事。应在车内快要灌满水，车内外压力相对平衡的时候做深呼吸，迅速打开车门逃生。不要在水压很大的时候去敲碎玻璃，因为玻璃一碎，水就会夹着碎玻璃冲向车内，对车内人员造成伤害。

车内人员在狭小的车内空间不要被挤压进来的水柱吓昏了头脑，要积极寻找尚存的一点点空气，保证自己的呼吸，辨别汽车的落水姿势，确定从哪边出去，等时机成熟时一鼓作气打开车门或拿工具敲碎车窗逃生。

一般情况下，面对洪涝灾害，我们应如何应对呢？

受到洪水威胁，如果时间充裕，应按照预定路线，有组织地向山坡、高地等处转移；在措手不及，已经受到洪水包围的情况下，要尽可能利用船只、木排、门板、木床等，做水上转移。洪水来得太快，已经来不及转移时，要立即爬上屋顶、楼房、高屋、大树、高墙，做暂时避险，等待援救。

在山区，如果连降大雨，容易暴发山洪。遇到这种情况，应该注意避免渡河，以防止被山洪冲走，还要注意防止山体滑坡、滚石、泥石流的伤害。发现高压线铁塔倾倒、电线低垂或断折，要远离避险，不可触摸或接近，防止触电。洪水过后，要服用预防流行病的药物，做好卫生防疫工作，避免发生传染病。

（三）地震

地震又称地动、地振动，是地壳快速释放能量过程中造成振动，期间会产生地震波的一种自然现象。地球上板块与板块之间相互挤压碰撞，造成板块边沿及板块内部产生错动和破裂，是引起地震的主要原因。地震是多发、常见、危害较重的灾害。虽然目前人类还不能完全避免和控制地震，但是，只要我们掌握预防知识和自救、互救技能，就能使灾害损失降到最低。目前，我国和大多数国家使用的是 12 度烈度表，当得知某一地方的地震烈度时，可大概知道这个地方的受灾程度。12 度烈度标准大致如下。

1~2 度：只有地震仪才能记录到，人们一般没有感觉。

3 度：室内少数在完全静止中的人能感受到轻微震动。

4~5 度：人们有不同程度的感觉，室内悬挂物有摆动和尘土掉落现象。

6 度：较老的房屋多数被损坏，个别出现倒塌。个别情况下，在潮湿、疏松的地面上，有细小裂缝出现，少数山区发生土石散落。人行不稳，器皿倾斜。

7~8 度：大部分房屋遭到破坏，高大烟囱可能断裂，有时有喷沙、冒水现象，人站立不住。

9~10 度：房屋严重破坏，地表裂缝很多，湖泊、水库中有大浪出现，部分铁轨弯曲变形。

11~12 度：房屋普遍倒塌，地面严重变形，地下管道完全不能使用。由于房屋倒塌，压死大量人畜，埋没许多财产。

地震一旦发生，要保持清醒、冷静的头脑，及时判别震动状况，千万不可在慌乱中跳楼，这一点极为重要。震时就近躲避，震后迅速撤离到安全的地方是应急防护的较好方法。所谓就近躲避，就是因地制宜地根据不同的情况采取不同的对策。

预报地震是地震预防的关键。按距离地震发生时间，预报分为中长期预报、短期预报和震前预报。中长期预报主要通过地震和地质情况的调查研究来实施。短期预报既要靠地震和地质情况的调查研究，还要靠各种监测手段。震前预报主要靠各种监测手段。地震监测主要是利用各种仪器设备研究岩石中正在发生的各种物理变化。地震仪对微弱震能进行连续记录，分析研究记录，可以推断地震的发震趋势。此外，天气和动物的异常反应，地光、地声的产生，也是地震将要到来的预兆。

如何应对地震灾害呢？

(1) 选择夹角避震。地震发生时，立即选择炕沿下、床前、桌下蹲身抱头，这些地方可形成遮蔽塌落物体的生存空间，以躲避房盖、墙砖等物体的打击。要注意切勿钻到床底下。

(2) 选择厨房、厕所避震。如果住的是水泥现浇板或水泥预制板屋顶的房子，地震发生时，应立即进入厨房、厕所等处。这些地方开间小，有上下水管道连接，既能起到一定的支撑作用，又能找到维持生存的水和食物，能减少伤亡。其弊端是回旋余地小、人体缺少遮挡物。

(3) 首先保护自己。要尽可能多地保存有生力量。地震发生在一瞬间，不容多考虑，应当机立断，先保护好自己，才有机会保护别人。自己脱险后，要先救人，原则是先救易救的，再救困难的，以争取时间，在最短的时间内救助更多的人。

(4) 护住头、口、鼻。如果自己已经被埋在了废墟下面，千万不要惊慌，保持冷静，先用手保护好头部、鼻子和嘴，以免受伤和让灰、土进入呼吸道。在手能动的情况下，先用手扒掉挤压身体的土石砖块，增大活动空间；如果四肢或上肢被压住不能动弹，就要注意保存体力。精神的力量是巨大的，千万不能绝望，要坚定自己能活下去的决心，以顽强的意志等待救援。面对危险，哭是没有用的，唯有自救、互救才有活下来的可能。

(5) 不要大声呼喊。要减少体力消耗，听到外面有人时，再大声呼救。

(6) 积蓄水源，节省使用。水是维持生命所必需的，地震后受困在封闭空间时，要想尽一切办法找水。没有水要找容器保存自己的尿液饮用，没有尿要找湿土吮吸。做长时间打算，液体只能润唇、小饮而绝不可大口喝。如果被困时间过长，就要找一切可吃的东西充饥。

(7) 巩固生存空间。被埋在废墟里，首要的是保护好自己。尽快用砖块将头上、身上的天花板顶住，防止在余震中把自己砸伤；要想方设法用棍子捅出一个出气孔，防止窒息。

(8) 创造逃生条件。地震受困后，只要能动，就要想方设法钻出去。寻找可以挖掘的工具，如刀子、铁棍、铁片等挖掘废墟。要凭眼睛和耳朵、感觉找准逃生方向。

(9) 坚持就能胜利。需要强调的是，被埋在废墟里的人，只要坚持，生存概率是很高的。1976 年唐山大地震市区约有 86%的人被埋压，在极震区约有 90%以上的人被埋压，以数字计算，在近 70 万市民中，约有 63 万人被埋压，但其中因埋压死亡的人数为近 10 万人，约占被埋压人数的 16%。

（四）雷电天气

汹涌如浪的气流，在雷雨云中会产生静电，其成因迄今还没弄明白，部分原因可能是由于水滴的摩擦和分解。正电荷在云的上端，而负电荷则在下方吸引着地上的正电荷。云和地之间因空气做了绝缘体，在短暂时间内阻止了两极电荷寻找均衡的电流通过。当两极电荷形成的电压大到可冲破绝缘的空气时，闪电就发生了。

雷雨天气是空气在极端不稳定状况下所产生的剧烈天气现象，它常挟带强风、暴雨、闪电、雷击，甚至伴随有冰雹或龙卷风出现，因此往往可造成灾害。雷雨大体可分为两类：一类是锋面雷雨，另一类是气团雷雨。每年自 3 月起开始增加，到 7、8 月达最盛时期。其中 3~6 月的雷雨多属锋面雷雨，7~9 月的雷雨多为气团雷雨。单独一块雷雨云（积雨云）的时间短暂，通常不过一两小时，其间可划分为发展期、成熟期及消散期三个阶段。先是形成一股上升气流，把温暖潮湿的空气送到半空中，上升的空气遇冷，其中水汽即开始凝结而变成云。当气流继续上升，云也就越积越高，直上更冷的高空，云中的水珠变得更大更重，有的冻结成雪或雹，有的雨滴越结越大，直到无法再被上升气流所支持时即开始落下。随雨而来或先雨而至的下降气流，会造成凉爽的阵风，此即意味着一场雷雨快要来临。

如何应对雷电天气灾害呢?

（1）留在室内，关好门窗。在野外无法躲入有防雷设施的建筑物内时，要将手表、眼镜等金属物品摘掉，千万不要在离电源、大树和电线杆较近的地方避雨；尽量降低身体的高度，以减少直接雷击的危险；双脚要尽量靠近，与地面接触面积越小越好，以减少“跨步电压”；野外最好的防护场所是洞穴、沟渠、峡谷或高大树丛下面的林间空地。

（2）不宜使用无防雷措施或防雷措施不足的电视、音响等电器，不要靠近打开的门窗、金属管道，要拔掉电器插头，关上电器和天然气开关。切忌使用电吹风、电动剃须刀等。不宜使用水龙头。

（3）切勿接触天线、水管、铁丝网、金属门窗、建筑物外墙等带电设备或其他类似金属装置，不要收晒衣绳或铁丝上的衣服，切勿处理开口容器承载的易燃物品。

（4）不要或减少使用电话和手提电话，不宜停留在铁栅栏、金属晒衣绳及铁轨附近，切勿站立于山顶、楼顶上或接近导电性高的物体。不宜进入和靠近无防雷设施的建筑物、车库、车棚、临时棚屋、岗亭等低矮建筑。

（5）切勿游泳或从事其他水上运动或活动，不宜停留在游泳池、湖泊、海滨、水田等地和小船上。不宜进行室外球类运动，在空旷场地不宜打伞，不宜把锄头、铁锹、羽毛球拍、钓鱼竿等扛在肩上。

（6）如果在雷电交加时，头、颈、手处有蚂蚁爬走感，头发竖起，说明将发生雷击，应赶紧趴在地上，并拿掉身上佩戴的金属饰品和发卡、项链等，这样可以减少遭雷击的危险。等雷电过后，呼叫别人救护。

（7）不宜骑马、骑自行车、驾驶摩托车和敞篷拖拉机。汽车是极好的避雷设施，因有屏蔽作用，即使被闪电击中，也不会伤人。

（8）如果在户外看到高压线遭雷击断裂，此时应提高警惕，因为高压线断点附近存在“跨步电压”，身处附近的人此时千万不要跑动，而应双脚并拢，跳离现场。

（9）如果在户外遭遇雷雨，来不及离开高大物体时，应马上找些干燥的绝缘物放在地上，并将双脚合拢坐在上面，切勿将脚放在绝缘物以外的地面上，因为水能导电。

（10）在户外躲避雷雨时，应注意不要用手撑地，同时双手抱膝，胸口紧贴膝盖，尽量低下头，因为头部较之身体其他部位最易遭到雷击。

（11）当在户外看见闪电几秒钟内就听见雷声时，说明正处于危险环境，此时应停止行走，两脚并拢并立即下蹲。最好使用塑料雨具、雨衣等。

（五）雾霾

雾霾是一种大气污染状态，是对大气中各种悬浮颗粒物含量超标的笼统表述，尤其是空气动力学当量直径小于等于2.5微米的颗粒物，即PM2.5，被认为是造成雾霾天气的“元凶”。随着空气质量的恶化，阴霾天气现象增多，危害加重。我国不少地区把阴霾天气现象并入雾一起，作为灾害性天气预警预报，统称为“雾霾天气”。

雾霾有“冬季杀手”之称，加上工业废气、汽车尾气、空气中的灰尘、空气中的细菌和病毒等污染物附着于水滴上，人们在日常生活和出行中，这些物质会对人体的呼吸道产生影响，可能会引起急性上呼吸道感染（感冒）、急性气管支气管炎及肺炎、哮喘发作，诱发或加重慢性支气管炎等。儿童的呼吸道、气管、支气管黏膜柔嫩，且肺泡数量较少，弹力纤维发育较差，间质发育旺盛，更易受到呼吸道病毒的感染。人长时间处于雾天中，可引起气管炎、喉炎、肺炎、哮喘、鼻炎、眼结膜炎及过敏性疾病，对幼儿、青少年的生长发育和体质均有一定的影响。此外，大雾天气空气质量差，抵抗力较差的糖尿病患者极有可能出现肺部及气管感染而加重病情。

如何应对雾霾天气灾害呢？

（1）戴口罩，这是必需的。但大家要注意，口罩戴的时间过长，也容易被污染，所以要及时清洗消毒，保证卫生。

（2）由于头发有吸附作用，因此外出要戴帽子。

（3）除了头发、口鼻之外，其余的部位裸露得越少越好，围巾、长款衣服等，都是出门的必要着装。

（4）在户外少逗留，步幅不宜过快，在雾霾中待的时间越短越好。停止户外锻炼。

（5）用鼻子呼吸，不要用嘴巴呼吸，更不要张嘴大声说笑。

（6）遇有雾霾天气，不要戴隐形眼镜。雾霾会污染镜片，对眼睛造成伤害。

（7）进屋之后尽快洗脸、洗手及身体裸露在雾霾中的部位，用水冲洗鼻腔。

（8）多喝水，多吃粗纤维食物，帮助身体排毒。

（9）角质层能够抵御外界刺激伤害，所以，女士在雾霾天气里不要做去角质的皮肤护理。

（10）开窗通风要避开雾霾严重时间，最好是中午有太阳的时候稍稍开会儿窗。

（六）龙卷风

龙卷风是从卷积云向地面延伸的极具强烈破坏性的漏斗状旋转风。龙卷风的快速旋转速度可高达每小时800多千米，并可在几秒钟内毁灭所有在它经过时遇到的东西。龙卷风的内部空气很稀薄，压力很低，就像一台巨大的吸尘器，以每小时数百千米的速度，把沿途的一切东西都吸到它的“漏斗”里，直到风力减弱，再把吸进去的东西抛出来。龙卷风是非常危险的，最强的龙卷风可以轻而易举地把房屋连同房屋内的一切抛向天空。

知识链接

龙卷风，是发生于直展云系底部和下垫面之间的直立空管状旋转气流，是一类局地尺度的剧烈天气现象。按形态和产生环境，龙卷风可以分为多涡旋龙卷、陆龙卷、水龙卷等。龙卷风在观测上表现为狭长的漏斗云或类似形态的尘土、水柱。

龙卷风的预兆是强烈的：连续旋转的乌云；在云层下的地面上，有旋转的尘土和碎片；

随着冰雹和雷雨，风向在不断地转变；持续不断的雷声；盘旋的低云层。

如何应对龙卷风灾害呢？

（1）有地下室的房屋。避开所有窗户，立刻进入地下室，躲在坚实的桌子或工作台下。千万不要躲在重物附近，以免龙卷风破坏了房屋的结构，造成这些重物倒塌而压在身上。

（2）没有地下室的房屋或公寓房。避开所有窗户，立即进入一间小的、位于中间的房子，如厕所、壁橱或最底层的内部过道。脸朝下，用手护住头部，尽可能地蹲伏于地板上。用厚的垫子，如床垫或毯子盖在身上，以防掉落的碎物砸伤身子。

（3）办公楼、教学楼、宿舍楼或高层楼房。立即进入楼房中心封闭的、无窗户的区域。尽可能地避开窗户。内部楼梯过道是最好的避难所。在紧急情况下，一定要避开电梯，因为一旦停电，就可能被困在电梯内。听从负责人的指挥，有秩序地走进学校建筑内部过道或房间，躲在桌子下，用手护住头部。切记避开窗户大的、宽阔的房间，如体育馆或礼堂。

（4）购物商场、电影院。千万不要惊慌，尽快避开窗户，进入商场、电影院的内部厕所、过道、储藏室或其他封闭的地方，脸朝下，用手护住头部，蹲伏在地上。如果需要，则躲藏在椅子下面，以获得进一步的保护。

（七）泥石流

泥石流是一种土、石、水相混合的流动体，该流动体挟有的土石固体碎屑物含量为15%~80%，它不同于一般的山洪，其流速、流量、冲刷撞击能力都远大于山洪，所以常给人民的生命、财产及工农业生产造成巨大危害。

泥石流是指在山区或者其他沟谷深壑、地形险峻的地区，因为暴雨、暴雪或其他自然灾害引发的山体滑坡并且携带有大量泥沙及石块的特殊洪流。泥石流具有突然性、流速快、流量大、物质容量大和破坏力强等特点。一旦发生泥石流，常常会冲毁公路、铁路等交通设施甚至村镇等，从而造成生命、财产的巨大损失。

如何应对泥石流灾害呢？

（1）预防为主。泥石流发生在夏汛暴雨期间，而该季节又是人们选择去山区峡谷游玩的时间。因此，人们出行前一定要查看当地天气预报，不要在大雨天或在连续阴雨天、当天仍有雨的情况下进入山区沟谷旅游。

（2）选择附近安全的地带修建临时避险棚，如较高的基岩台地、低缓山梁上等。切忌建在沟床岸边、较低的阶地、台地及坡脚、河道拐弯的凹岸或凸岸的下游端边缘。长时间降雨或暴雨渐小后或刚停，不应马上返回危险区。泥石流常滞后于大雨发生。另外，具有阵流的黏性泥石流，其阵流间隙有时会被误认为泥石流结束。总之，只有当确认泥石流不会发生或泥石流已全部结束时才能解除警报。

（3）不可存在侥幸心理。白天降雨量较多时，晚上或夜间必须密切注意降雨，最好提前转移，不能存在侥幸心理在室内就寝。

（4）密切关注泥石流的发生、发展，减少、避免次生灾害发生。当出现泥石流体堵塞河流，形成堵坝时，应尽快采取毁“坝”措施，使上游水体尽快下泻，避免次生洪水灾害，同时通知上、下游受害的地区，做好防灾避险。当公路、铁路、桥梁被冲毁后应及时阻止车辆通行，以免造成人员伤亡。

（5）采取正确的逃生方法。泥石流不同于滑坡、山崩和地震，它是流动的，冲击和搬运能力很强，所以，当处于泥石流区时，不能沿沟向下或向上跑，而应向两侧山坡上跑，离开沟道。

我国是世界上自然灾害最为严重的国家之一，灾害种类多、分布地域广、发生频率高、造成损失重。在全球气候变化和我国社会经济快速发展的背景下，我国自然灾害损失不断增加，重大自然灾害乃至巨灾时有发生，我国面临的自然灾害形势严峻复杂，灾害风险进一步加剧。

知识链接

2008 年 5 月 12 日，四川汶川发生里氏 8.0 级特大地震，也就是汶川特大地震。这场中华人民共和国成立以来破坏性最强的大地震，仅四川全省就有 68 712 人遇难、17 912 人失踪。这场大地震给全国人民带来了巨大的心理压力和难以愈合的心灵创伤，堪称国家和民族史上的重大灾难。

灾害发生后，全国人民在党中央、国务院的领导下众志成城、抗震救灾，表现出了前所未有的团结与坚强。2008 年 6 月，山西省太原市有政协委员提议，为表达对灾害遇难者的追思，增强全民忧患意识，提高防灾减灾能力，有必要设立“防灾减灾日”或“中国赈灾日”，借此表达对地震遇难者的纪念，弘扬团结抗灾的精神。2009 年 3 月 2 日起，国家减灾委、民政部发布消息，经中华人民共和国国务院批准设立中国的“防灾减灾日”，自 2009 年起，每年 5 月 12 日为全国防灾减灾日。

设立“防灾减灾日”，一方面是顺应社会各界对中国防灾减灾关注的诉求，另一方面也是提醒国民前事不忘，后事之师，更加重视防灾减灾，努力减少灾害损失。既体现了国家对防灾减灾工作的高度重视，也是落实科学发展观，推进经济社会平稳发展，构建和谐社会的重要举措。通过设立“防灾减灾日”，定期举办全国性的防灾减灾宣传教育活动，有利于进一步唤起社会各界对防灾减灾工作的高度关注，增强全社会防灾减灾意识，普及推广全民防灾减灾知识和避灾自救技能，提高各级综合减灾能力，最大限度地减轻自然灾害造成的损失。

我国防灾减灾日的图标以彩虹、伞、人为基本元素，雨后天晴的彩虹寓意着美好、未来和希望，伞的弧形形象代表着保护、呵护之意，两个人代表着一男一女、一老一少，两人相握之手与下面的两个人的腿共同构成一个“众”字，寓意大家携手，众志成城，共同防灾减灾。整个标志体现出积极向上的思想和保障人民群众生命、财产安全之意。

2009 年 5 月 11 日，中华人民共和国国务院新闻办公室发布首个关于防灾减灾工作的白皮书——《中国的减灾行动》，形成了包含突发事件应对法、防震减灾法、防洪法、防沙治沙法、水污染防治法等 30 多部法律法规，形成了全方位、多层级、宽领域的防灾减灾法律体系。《国家突发公共事件总体应急预案》《国家自然灾害救助应急预案》等，对灾害应对、抢险救灾和灾后恢复重建事项做了规范；《汶川地震灾后恢复重建条例》为汶川灾区灾后恢复重建提供法制保障。

2009 年 5 月 12 日是我国首个“防灾减灾日”。国家减灾委对组织开展首个国家“防灾减灾日”进行了研究，对各地、各部门开展“防灾减灾日”活动提出了要求，主要围绕以下四个方面开展。

(1) 开展各类防灾减灾专题活动。宣传周期内，全国各类学校普遍开展一次防灾减灾专题活动。通过组织防灾减灾演练、主题班会、板报宣传、观看防灾减灾影视作品等活动，开展形式多样的防灾减灾宣传主题活动，提高学生的防灾减灾素养。

(2) 开展各类防灾减灾教育活动。针对本地本部门主要灾害风险，立足群众广泛参与，有针对性地向广大干部和群众介绍灾害基本知识、防灾减灾基本常识和避险自救互救的基本技能。

(3) 开展形式多样的防灾减灾演练。针对公共安全、突发事件、应急救援、卫生防疫、自救互救、转移安置等内容，针对特定人群，因地制宜地组织开展形式多样的各类防灾减灾演练。针对消防安全、生产安全、医疗救护等内容，开展有针对性的技能培训和技能练兵活动。

(4) 开展“防灾减灾日”集中宣传活动。宣传周期内，各类媒体集中开展各类防灾减灾宣传活动。通过开设专栏、专题，播出有关专题和影视节目，报道各地活动开展情况、防灾减灾措施经验及取得的成绩，宣传防灾减灾政策法规，营造防灾减灾舆论氛围。

第八章
社会实践与就业安全

第一节　保障社会实践安全

一、大学生社会实践的现状

（一）大学生社会实践概述

大学生在校期间参加社会实践活动，一方面可以通过社会实践赚取一些酬劳，增强大学生的独立意识；另一方面还可以为将来步入社会积累一些工作经验。但由于大学生社会阅历不足，自身安全意识有待加强，因此保证大学生社会实践的安全已经成为“大学生安全教育”课程中不容忽视的问题。

（1）大学生社会实践的观念转变。由于社会经济发展，人们的收入增加，大部分学生社会实践已经不仅为赚取零花钱，更多的是为了积累一些实践经验。当前大学生面临着毕业后的择业问题，由于就业压力大，很多学生选择利用课余时间进行社会实践活动，为融入社会做准备。

（2）多数大学生有社会实践经历。据调查，绝大多数的大学生都利用课余时间做兼职工作，星期六、星期日是大学生社会实践活动的黄金时间。另外，大学生都有寒暑假，假期实践时间相对较长，并且学业相对轻松。因此，假期成为大学生外出实践的“旺季”。

（3）大学生社会实践具有局限性。由于受工作的时间、类型、渠道等问题的限制，大学生社会实践具有极大的局限性。大学生找工作一般是通过中介公司、校园小广告和同学、朋友的介绍，求职渠道狭窄。在选择工作时一些技术专业要求较低、时间安排较灵活的工作成为大学生的首选。

（4）很大一部分学生在社会实践过程中遇到自身权益被损害的问题。由于大学生没有社会实践经验，而且绝大部分求职心切，因此使一些不法之徒乘虚而入。据调查，近四成的大学生在实践过程中自身权益受到损害。

（5）大学生社会实践的安全意识有待加强。虽然越来越多的大学生逐渐意识到自我保护的重要性，但从整体情况上看，大学生社会实践的安全意识仍有待加强。大学生在校园里接受的教育与社会实践工作有很多不适应的地方，大多数学生外出工作时，能考虑到自身安全的问题，但由于缺乏一些必要的防范知识，还是比较容易上当受骗。

（二）常见的大学生社会实践工作

1. 家教

家教是大部分学生社会实践的首选，从学生择业的角度来说，可以用到自己所学的知识，锻炼自己的能力；从家教工作的特点来说，工作相对轻松，工作环境相对安全、稳定，且劳动报酬稳定。

2. 促销

大部分企业在周末和假日进行产品促销，工作时间集中，不与学习时间冲突。一般企业招聘学生都是做临时或短期促销工作，大学生在促销工作中可以锻炼与人沟通的能力，还可以结交很多朋友。

3. 服务生

服务生的工作也是很受学生欢迎的社会实践工作。这类工作对学生所学专业没什么限制，一般也不需要什么工作经验，学生可以根据自己的时间随意安排。服务生的工作可以锻炼、提高学生的综合能力，如待人接物、社交礼仪、反应能力、记忆能力等。

4. 网络兼职

计算机和网络的发展，使网络兼职成为一种新型的社会实践模式。学生可以通过网络进行网页文字采编、设计、制作网页等，有的学生还在网上开店铺，当然这也是自主创业的一种模式。这类工作的方式和地点灵活，不受时空限制，而且学生可以根据自己的兴趣爱好，发挥专业优势。

5. 自主创业

当前我国大学生就业形势严峻，国家鼓励大学生创业，自主创业已成为备受在校大学生青睐的一种社会实践模式。自主创业就意味着很多问题学生要自主决策，这样可以锻炼学生的管理、决策等各方面的能力。

二、社会实践中的安全问题

（一）常见的兼职陷阱

（1）用人单位收取押金。一些用人单位招聘大学生做兼职工作，然后以各种借口向学生收取押金或保障金，并承诺在工作结束后退还。等学生交了押金后，这些单位又以职位暂满或工作未安排妥当为借口，要学生等消息。然后便没了踪影，学生所交的押金和保障金也就打了水漂。

（2）非法中介。由于学生找工作的渠道过窄，一些学生又求职心切，因此非法中介机构趁机进行不法行为，骗取中介费。非法中介机构的中介费用非常高，收取中介费后又不能及时地为学生找到合适的工作，一拖再拖，直到不了了之。还有一些不法中介，不断变换办公地点，专门骗取中介费。很多学生在交了中介费以后，中介机构却消失得无影无踪，学生根本不知道详细的联系方式，使有关部门的追查工作无法展开。

（3）娱乐场所的高薪诱惑。高薪是吸引学生入职的一个重要手段，一些娱乐场所利用高薪吸引求职的学生，做一些代客泊车、侍者的工作。进入这些场所工作，可能会对学生产生负面引导。

（4）女生家教。许多不法分子以找家教为借口，单独约女大学生见面。有的女学生在对方约见时，不加考虑便去赴约，使自己身处险境。

（二）社会实践安全注意事项

近年来，随着大学生外出参与社会实践的增多，大学生的合法权益受到侵害的现象也不断增加。因此，大学生在外出参与社会实践之前，需要了解、掌握一些安全注意事项，防止自身的合法权益受到侵害。

1. 选择合适工作

大学生在外出勤工助学或实习等社会实践中，对所选择的工作要认真考虑，尽量选择适合自己的工作。

（1）选择和自己所学专业及将来准备从事的工作相近又符合学生打工特点的工作。

（2）选择和学校工作、自己学习矛盾较小的工作，最好工作时间是节假日或休息时间。

（3）选择风险、危险性小的工作，最好不要去风险较大、需要做出一定承诺或污染严重、事故多发的行业和单位打工。

（4）通过合法、诚实的劳动获得报酬，不要到没有合法手续或生产、销售伪劣商品的公司打工，不要做传销、“枪手”等法律禁止的事情，不要做有损身心健康、违背道德的事情。

2. 核实对方信息

大学生在外出做兼职或实习时，不要轻易相信网络、报纸等媒体发布的或同学、朋友提供的用人单位信息，一定要想方设法通过各种途径对用人单位的相关信息进行认真的了解和核实，确保用人单位信息的真实性、准确性和可靠性。

（1）可在当地工商局等网站或网络搜索引擎搜索用人单位的信息，确认用人单位是否具有法人资格、营业执照、固定营业办公场所，经营范围是否与营业执照相符。

（2）如用人单位以某单位分部、办事处等形式出现，应核实母公司或总公司是否存在。

（3）查询网上用人单位的电话号码与留下的电话号码是否一致。若用人单位没有座机电话，就可能有问题。

（4）对于地点在居民住宅区内的、营业地点与有关部门登记的地点不一致的用人单位，要多加小心。

（5）要注意利用网络搜索对用人单位的相关评论，尤其要留意网络上是否有该单位的负面信息，看是否有投诉、不良记录等。

（6）必要时可以亲自去用人单位实地考察，切实了解用人单位的运行情况，对工作的内容、性质、时间、地点、形式、待遇等细节问题要问清楚，对可能涉及违法犯罪的工作要坚决抵制，避免牵扯其中。

3. 明确法律关系

大学生利用业余时间勤工俭学，其与用人单位双方是一种短期的雇佣关系，不构成劳动关系，不属于我国现行劳动法律、法规、规章的适用范围。大学生为用人单位提供劳务并获取相应的报酬，属于平等民事主体之间建立的劳务合同关系，适用《中华人民共和国民法通则》及《中华人民共和国合同法》等民事法律的有关规定。大学生为用人单位提供劳务服务，用人单位支付相应的劳务报酬，各自独立，地位平等。因劳务合同而取得的劳务报酬，按等价有偿的市场原则支付，完全由双方当事人协商确定。

4. 签订书面协议

选择好用人单位后，要和用人单位签订书面协议，明确双方的权利和义务，包括劳动时间、劳动条件、工资待遇、人身伤害处理、违约处理等内容，避免自己的合法权益受到侵害。签字盖章时，要认真核实对方的落款名称、日期。目前，很多学生都是主动要求到单位实习或兼职的，因此一般不会自己提出和用人单位签订协议，或者签订的协议中根本没有实习权益保障的相关条款。如果没有协议，请大学生注意保留能证明与用人单位发生劳务关系的凭证，如入职表、工作证、员工卡、工作服、押金条、考勤记录、工作量记录、报酬发放证明等，以便在发生纠纷时作为证据。

5. 保持通信联络

外出勤工助学和实习的学生，注意将详细情况告知教师、家长、朋友或同学。外出时，务必随身携带手机，保持通信畅通。临行前，最好告知同学自己的去向及工作单位的详细地址、联系方式、回校时间等，必要时约定定时联系。到达工作单位或担任家教的家庭后，以适当理由当着同事或雇主的面给朋友、同学打个电话，在电话中有意地透露自己的行踪，这样可以让心怀不轨者有所顾虑。初次参加单位面试或做家教时，尤其是女生，最好有同学或朋友陪同前往。夜间如果确须外出，最好结伴而行。

三、社会实践安全的防范

（一）确保社会实践安全的方法和技巧

近年来，我国一直在提倡教育改革，为了适应高等教育改革的需要，加强学生素质教育，增强大学生的社会实践能力，《中华人民共和国教育法》明确规定了大学生可利用课余时间，通过自己的能力、专业特长为他人或单位提供服务。但是现实社会错综复杂，在校大学生外出实践还需要适应期，除了要注意上述问题，还有一些方法和技巧值得大家学习。

1. 避免轻信，保持警觉

有些不法分子利用大学生涉世未深、对自己和社会了解不足的现状，诈骗大学生的钱财，对大学生社会实践的安全造成威胁。有些不法分子以高薪诱惑，年薪上百万元的职位让大学生放弃了警觉心，抱着试试看的心态，结果得不偿失。大学生急于找工作的心理，给一些利欲熏心的人找到了假借招聘骗取钱财的机会。他们以报名费、服装费、培训费、证件费等各种名义收取钱财，但并不安排实际工作，而是等骗取到一定的钱财后销声匿迹。大学生在找兼职工作时，一定要认真选择。只要仔细研究，就能看清招聘中的各种漏洞。大学生要对自己的职业生涯发展有清楚的构想，找到最适合自己的职位。

2. 确定用人单位正规合法，从事合法的社会实践工作

大学生可以通过多种途径了解用人单位。观察用人单位的外部环境和人员情况，如用人单位办公所在地的环境、单位工作人员的基本素质等，对于这些摆在眼前的东西不要视而不见，这些能传达用人单位的基本情况，还可以通过打听了解用人单位运营及发展的概况。所谓“听”要有听的技巧，不能听片面之词，要“耳听八方”，如上网找资料、发帖询问等。对于一些无法通过网站资源追踪的小公司，则可以与前台、保安等工作人员聊天，能够得到不少关于该公司的信息。通过多种途径再三确认用人单位的实际情况，确保其正规性、合法性，避免自己不知不觉中从事了不合法的工作，以免自身安全受到伤害。

3. 从正当的渠道获取信息

可靠的信息渠道是大学生维护社会实践安全的重要保障。很多大学生被骗就是因为轻信了不正当渠道的信息，所以要掌握从正当的渠道获取信息的一些方法和技巧。首先，从正规

的中介机构获取招聘信息是很多大学生的选择，不要找一些规模小、不合法的中介机构。其次，要积极利用人脉，通过父母、亲戚或者教师来获得兼职工作。另外，可以很好地利用网络信息，从正规的招聘网站上获取招聘信息。目前，通过网上投简历获得工作机会是毕业大学生找工作的主要途径，而在校期间找兼职工作的大学生还没有很充分地利用网络资源。但是，由于网络信息多而杂，很多问题根本不能追踪，因此，大学生在选择招聘网站和工作时要加倍小心。

4. 工作期间做好自身安全的防护工作

获得一份合适的工作并不意味着就很好地维护了大学生社会实践的安全，在工作期间，大学生应提高安全意识，做好自身安全的防护工作。大学生要严格遵守国家的相关规定和工作单位的规定，严防火灾、偷盗、交通事故的发生，以保证自己的生命、财产安全不受威胁和侵害。具体的安全防护工作有：积极主动地学习劳动安全的基本常识，有不懂的地方可以向专家、管理人员请教，努力提高专业工作技能，从根本上保障工作过程中的人身安全；在往返学校与实习地点的路上，要注意保管好自己的钱物，贵重物品一定要看管好，不要随意放置，同时要学会观察周围人员的情况，途中不要长时间睡觉；外出办事时尽量走人员较多的道路，单独外出时要提高警觉；遵守交通规则，避免交通事故；等等。

（二）高校维护社会实践安全的措施

1. 重视学生社会实践的安全教育，提高学生掌握相关知识的能力

维护学生的安全，是学校不可推卸的责任和使命。对于大学生社会实践的安全，学校也应给予足够的重视，合理安排相关专业课程，不断创新教学方法，让学生更好地掌握相关专业知识。根据学校的实际情况，尽可能地给学生们创造实际体验的机会，如果条件允许，要适当地鼓励学生亲身经历，并且给予相关的指导。只有理论联系实际，学生在课堂上学到的知识才能更扎实，在实践应用的时候才能更有效果。

2. 定期举办相关讲座，加强对学生社会实践工作的指导

在关于大学生外出社会实践的问题上，学校要在思想上给学生一个正确的引导。要引导大学生树立正确的实践观念，预防大学生因盲目地寻找工作机会而误入歧途。另外，学校应该为学生外出社会实践提供一些服务，如专门提供一些信息、组织相关的招聘会等，学校应对用人单位进行考察、审核，这样不但便于学生找到合适的工作，还可以很好地保证学生的安全，保护学生在工作中的合法权益。

第二节　认清就业陷阱

一、大学生就业的安全问题

部分学生由于缺乏社会经验，对社会阴暗面了解不多；思想不够成熟，对是非好坏的分辨能力不强；对人、对事只凭第一印象，容易轻信他人；求职心切，对深层次问题缺乏进一步思考；法律意识淡薄，自我保护意识不强；等等，在就业过程中出现了这样或那样的安全

问题。综合近年来大学生在就业中发生的案例，常见的安全问题主要有以下几种。

1. 上当受骗

目前，上当受骗已成为大学生就业中最为多发的安全问题。大学生就业时被骗不外乎以下几种情况。

（1）先付押金型。一些单位通常以招聘文秘、打印、公关等轻松、体面的工作为由，要求学生交纳一定的保证金，却又借故不开收据，要求等候消息，接下来便是石沉大海。

（2）临时苦工型。一些小公司，特别是个体建筑承包者，故意交给大学生一些苦、脏、累、险的工作，而又不与大学生签订合同。一旦发生工伤等情况，大学生往往是索赔无门，欲哭无泪。

（3）直销、传销型。大学生本来应聘的是销售岗位，但到公司后，却被连哄带骗地先买下一些货品，然后公司再让大学生如法炮制去哄骗他人，并用高额回扣做诱饵。大学生一旦上当，往往是白搭上一笔钱。

（4）模特、特种行业型。以模特或歌星、影星培训班为名，让大学生花大价钱照艺术照参加遴选。最后，再找借口说应聘者条件欠缺，予以拒绝；或以娱乐场所特种行业的高薪来吸引求职者。

2. 交通事故

大学生在就业的过程中，需要乘坐各类交通工具。相对于校内较为安全的交通环境，校外车流量大、车速快，交通状况复杂，大学生更容易发生交通事故。

3. 安全生产事故

这里的安全生产事故是指大学生在就业过程中所发生的人身伤害事故。大学生在就业过程中，需要到生产第一线操作仪器设备，往往存在一定风险。有的学生安全意识淡薄，对安全知识知之甚少，从而造成事故隐患；有的学生没有严格按要求穿戴工作服或防护用具，而是随意着装，以致发生事故；有的学生违反安全操作规程，违规操作机械设备，致使发生安全事故；有的学生对设备的操作不熟悉，在好奇心驱使下容易造成操作失误，引发伤亡事故。

二、就业安全问题的预防

大学生一旦在就业过程中出现安全问题，不仅个人的合法权益受到侵害，而且极有可能引发意外事故。因此，大学生在就业过程中要切实强化安全意识和法律意识，不断提高安全防范技能，有效预防各类安全问题的发生。

1. 上当受骗的预防措施

大学生在就业过程中不但要防范各类陷阱，而且要注意人身财产安全。要强化安全防范意识，提高自我保护能力，以免上当受骗。

（1）要到有资质、信誉好的中介机构找工作，或者直接与用人单位或雇主签订书面用工协议或合同。中介机构的资质包括劳动部门颁发的职业介绍许可证和工商部门颁发的营业执照，只有具备这两个资质的中介机构，才能从事职业介绍工作。

（2）不要轻易将个人证件和证书给用人单位或雇主作为抵押，不能随便将原件和复印件交给他人，更不能将手续交给不相识的人代办。

（3）注意将个人信息合理适度公开，不要随便分发自己的求职简历，不要随意留下自己的个人信息和通信方式（包括家庭通信方式），以防不法分子倒卖个人信息资料和向亲属实施诈骗。

（4）不要因为害怕失去就业机会而轻易掏钱，当用人单位或雇主提出收取报名费、抵押金、服装费、培训费、风险金等收费要求时，一定要索取正规发票，并妥善保管。

（5）对一些表格、问卷等要仔细看清，不能随便签字，以免落入圈套，陷入麻烦和纠纷。

（6）与用人单位领导或雇主保持一定的距离，不要随意接受别人的馈赠，以减少遭遇意外的可能性。

（7）对于提供超出正常水平的高薪工作，一定要冷静，不要被高薪冲昏头脑。一些单位往往以丰厚的待遇为诱饵，吸引大学生，骗取中介费、加盟费，或者诱使大学生从事传销等违法活动。

（8）通过网络找工作的大学生要擦亮自己的双眼，不要盲目将自己的姓名、银行卡账号、密码、手机号等告知陌生人。

（9）如果遇到意外情况，应沉着应对、敢于抗争、寻机脱险，并及时向地方公安机关报告，并注意保留证据，提供有关线索，以便有关部门进行调查。

2. 家教中安全问题的预防措施

大学生从事家教工作是知识转化为财富的最直接形式，但个别学生由于社会经验不丰富，人生阅历较浅，合法权益尤其是人身安全容易受到伤害。因此，大学生做家教时应注意以下几个方面。

（1）通过正规渠道联系。想要做家教的学生，要通过正规的家教服务机构、人才市场等渠道联系家教工作。通过报纸、街头举牌、散发和张贴小广告等方式找家教工作，很容易被不法分子所利用。

（2）认清家教职责。做家教的大学生要认清自己的工作职责，一旦发现上当受骗，要及时报警，大胆揭发。

（3）不要随便轻信他人。家教的工作场所一般在学生家中或双方约定的图书馆、自习室。如果对方约见在与家教不相关的场合，并提出要借用同学们的贵重物品时，一定要提高警惕。

（4）合理安排家教时间。大学生一旦当上家教后，要相对固定家教时间，应尽可能安排在周六、周日的白天。没有特殊情况，不要随意改动家教时间，辅导的时间也不宜过晚。第一次和雇主见面时，最好约同学陪同前往，让同学对自己的行踪有一个了解。

（5）及时结算报酬。大学生在做家教之前，一定要和对方确认好价格，并在每次上完课后及时结算。如果对方是按月付费，则最好与对方签订合同，以保障自己的利益不受损害。

3. 安全事故的防范措施

大学生做好安全事故预防工作，需要从以下几方面入手。

（1）在上岗之前，要认真接受有关劳动纪律、职业道德、生产安全、劳动防护的教育培训。

（2）在工作过程中，要听从单位领导的指导，严格遵守用人单位的各项规章制度和技术操作规程。尤其是从事专业性强、有一定危险性的工作，如机械加工、医疗卫生等，要严格执行行业安全规范。

（3）了解厂矿、企业内特殊危险区域、地点及物品，避免发生意外事故。

（4）按不同岗位的不同要求穿戴好防护用品。

（5）严格按照操作规程使用工具，不准擅自触摸带电的危险设备、设施和电路板，未经允许不得动用他人设备和工具。

（6）在工作现场行走时，要随时注意头顶的管道和脚下的阴沟与地槽，严禁进入任何废弃的设备内。

（7）不准在工作现场随便触摸裸露的管道与设备，不准随便动现场的阀门与按钮，防止发生紧急停车、物料放空等生产事故。

（8）严禁在工作现场乱闯、打闹、喧哗，防止发生交通事故、高空坠落、机械伤害等安全事故。

（9）在操作过程中，如发现不正常现象或发生安全事故，应及时向单位领导报告，听从单位领导的安排。

4. 法律维权的方法措施

中国质量万里行发布的一项调查报告显示：大学生的维权状况并不乐观，在权益受到侵害后，有四分之一的学生选择“保持沉默”。大学生在就业过程中，其人身权、财产权受侵害的现象屡屡发生。因此，大学生应提高维权意识，学会运用法律思维来解决问题。维权是权利，同时也是为维护市场公平需要承担的责任。一旦自身的合法权益受到侵犯，大学生应该积极运用法律武器，通过申请调解、仲裁、诉讼等合法途径，维护自己的正当权益。

（1）一旦发现用人单位或雇主有侵权、违约等行为，要及时向用人单位或雇主所在地的劳动、工商部门投诉。对于传销、诈骗等违法犯罪活动，可以直接到公安部门报案。

（2）如果大学生与用人单位或雇主发生工资待遇、劳动质量等方面的劳务纠纷，可以与用人单位或雇主协商解决，也可以直接到合同履行地法院起诉维权，无须劳动仲裁救济前置程序。

（3）对用人单位或雇主违法收费、无偿占有智力成果等行为，大学生可以向人民法院提起诉讼。

（4）如果是在实习期间受伤，不能进行工伤鉴定，只能按照人身伤害进行赔偿。因为大学实习生不是劳动法的适用主体，不受《中华人民共和国劳动法》的保护。

（5）如果是学校统一组织的实习，学校会与实习单位签署相关实习安全协议，只要大学生能证明是在实习期间受的伤，学校会与用人单位积极协商。

（6）如果是大学生个人联系的实习单位，大学生必须保留好实习的证据及医院出具的诊断书、医药费发票等所受侵害的证据。如果与用人单位或雇主协商不成，可以通过拨打政府服务热线、法律热线寻求帮助，还可以通过民事诉讼的方式维权。

第三节　防范非法传销

一、误入传销组织的类型

非法传销具有隐蔽性、欺骗性、流动性和群体性的特点。由于近年来大学生就业难度较大，个别思想比较单纯、辨别是非能力弱、法制观念淡薄的学生，很容易在同学、亲友的诱导下深陷传销不能自拔。通过分析近年大学生加入传销组织的案例可知，传销组织诱骗大学生的方法主要有以下三种。

（一）求职过程中误入

传销组织经常利用大学生急于找工作、梦想一夜暴富、急于求成的心理，以职业中介、虚构的知名企业或单位的名义高薪招聘毕业生，或要求通过网上投递简历等方式套取毕业生的通信地址和联系方式，然后主动与毕业生联系，以要求面试或到单位实习为由，将毕业生骗至外地，没收证件，限制自由，强迫、诱骗毕业生加入非法传销组织。

（二）亲朋好友拉拢加入

传销组织队伍的壮大，主要依靠已加入的人员通过亲戚骗亲戚、朋友骗朋友、同学骗同学来发展下线。所以说，当有长时间没有联系且不知其详细情况的同学或亲戚突然与你联系、向你提供发财机会时，同学们一定要加以辨别，谨防被骗。

（三）不小心误入

近年来，随着互联网的普及，不法分子借助虚拟网络编造传销骗局，使传销不再受时空的限制，也使谎言更加逼真。不法分子进行网络传销的主要形式有：在网上发布信息，诱骗急于证明自己是精英或者找工作的大学生，特别是以找工作的名义诱骗大学生；以远程教育、成功学教育、成人教育等教育内容为主，打着远程教育的幌子，实际上收取入网费后，不进行实质性的教育培训，而是让大学生再发展其他人员；披着电子商务的外衣进行传销诈骗，如电话卡、QQ 会员、旅游证，甚至银行信用卡；以加盟网店的名义收入网资格费，其实并不经营实体性商品。网络传销扩张迅速，传销手段不断翻新，隐蔽性、欺骗性更强，大学生很容易被网络传销所迷惑。

二、如何避免落入非法传销

非法传销的核心理念是“有钱就是成功”。成功的定义被他们狭隘地限定在能否拉下线、上业绩、日进斗金上。其实，任何成功都离不开个人对社会的贡献，成功是社会对个人贡献的一种评价和回报。而他们宣扬的靠骗取人头费不劳而获的理念，最终只能使人们的思想扭曲，误入歧途。非法传销组织者通过对加入者进行“洗脑”，让其不以骗为耻，反以骗为荣，骗人赚钱心安理得。

非法传销的基本方式是“杀熟”，本质是欺骗，出售人与人之间的信任资源。参与者一旦发现自己被骗，解脱的方式就是发展下线，欺骗别人。这样一个庞大的骗子网络建立起来，如果无限发展下去，必然导致亲友相骗，朋友反目，人与人之间的信任资源无限流失。不仅会冲击正常的市场秩序，而且会危及社会的诚信体系。

非法传销的发展对象常常是对现状不满、对金钱欲望较高、彼此比较熟悉、防范心理较弱的人。一般“怀才不遇者”、下岗者、负债者、大学毕业生、推销员和待业者是最佳发展对象。参与人员多是弱势群体，是顶级非法传销组织者的敛财机器，最后的结果往往是血本无归。因传销引起的夫妻反目、父子成仇，甚至家破人亡的惨剧时有发生，给不少家庭造成巨大伤害。传销网是一张金字塔式的“吸金网”，在这个骗局中，真正发财的只是传销“金字塔”尖上的少数人，下面的会员类似“金字塔”底座，底座越大，上层收益越多。少数人的富有，其实是无数人的血泪。对无数深埋“塔底”的人来说，被激发起的“成功”欲望永远得不到实现。这种普遍无法实现的欲望，一定程度上会转化为社会的不安全因素。

（一）认清非法传销本质

非法传销绝不是什么“光辉的事业”，而是国家明令禁止的一种使非法传销的少数组织者聚敛钱财、使绝大多数加入者受害的欺诈活动。非法传销绝不会“人人都能成功”，也绝不可能“一夜暴富”，而是顶级传销商敛财的机器。当非法传销组织者把非法传销说成是直销，把传销披上“科学”和“现代”的外衣，并且宣称“传销人人都能成功”“传销能一夜暴富”时，个别学生便轻易当了非法传销的“俘虏”。其实，无论传销如何披着华丽的外衣，无论传销的形式如何变化发展，其本质仍以购买份额作为入门费，发展下线人员、拉人头组成层级，以下线人员“业绩”作为获利依据。因此，大学生要充分认清非法传销的本质、手段及危害，不断提高辨别是非的能力，从根本上增强抵制参与非法传销的自觉性。

（二）通过合法手段致富

大学生能否致富，并不取决于就业岗位的选择，关键要看自己的付出多少和对社会贡献的大小。只有靠科学、勤劳、守法才能致富，只有这样的致富才会受到法律的保护。靠投机、欺诈的致富，最终会受到法律的制裁。

（三）严格遵守法律法规

大学生必须牢固树立法制观念，明确哪些是法律法规提倡保护的，哪些是法律法规禁止的。凡是法律法规提倡保护的，应自觉遵守；凡是法律法规禁止的，坚决不做。大学生不论何种原因，一旦误入非法传销组织，要迷途知返，可以与学校教师取得联系，也可以拨打“110”电话报警求助，尽快设法脱离传销组织，不能一错再错。

第九章
传染病与身体健康

第一节　传染病基本知识

一、传染病概述

（一）传染病的定义

传染病是由各种病原体引起的，能在人与人、动物与动物或人与动物之间相互传播的一类疾病。

（二）传染病的基本特征

（1）具有特异的病原体。

（2）具有传染性。

（3）具有流行性。

（4）具有季节性。

（5）具有地方性。

（6）具有感染后的免疫性。

（三）传染病传播过程

传染病传播过程中的三个基本环节：①传染源；②传播途径；③易感人群。

（四）传染病的预防措施

针对传染病的传播过程，主要预防措施有：①管理传染源；②切断传播途径；③保护易感人群。

（五）传染病的种类

根据《中华人民共和国传染病防治法》第三条规定，传染病分为甲类、乙类和丙类。

甲类传染病是指：鼠疫、霍乱。

乙类传染病是指：传染性非典型肺炎、艾滋病、病毒性肝炎、脊髓灰质炎、人感染高致病性禽流感、麻疹、流行性出血热、狂犬病、流行性乙型脑炎、登革热、炭疽、细菌性和阿米巴性痢疾、肺结核、伤寒和副伤寒、流行性脑脊髓膜炎、百日咳、白喉、新生儿破伤风、猩红热、布鲁氏菌病、淋病、梅毒、钩端螺旋体病、血吸虫病、疟疾。

丙类传染病是指：流行性感冒、流行性腮腺炎、风疹、急性出血性结膜炎、麻风病、流行性和地方性斑疹伤寒、黑热病、包虫病、丝虫病，除霍乱、细菌性和阿米巴性痢疾、伤寒和副伤寒以外的感染性腹泻病。

国务院卫生行政部门根据传染病暴发、流行情况和危害程度，可以决定增加、减少或者调整乙类、丙类传染病病种并予以公布。

二、传染病流行病学中的几个重要概念

（一）传染过程

传染过程是指病原体进入宿主机体后，与机体相互作用、相互斗争的过程。宿主感染病原体后，可以表现出不同的结局，如病原体被清除、隐性感染、病原携带状态、显性感染甚至死亡等。

（二）传染病流行过程

传染病流行过程是指病原体从已受感染者排出，经过一定的传播途径，侵入易感者机体而形成新的感染，并不断发生、发展的过程。流行过程包括传染源、传播途径、易感人群三个基本环节。

（三）潜伏期

潜伏期是指病原体侵入机体后到出现最早临床症状前的这一段时间。

（四）传染期

传染期是指传染病患者排出病原体的整个时期。

（五）病原携带者

病原携带者是指没有明显临床症状但能排出病原体的人。病原携带者按携带病原体的不同而相应称为带菌者、带毒者、带虫者等。

（六）疾病的流行强度

疾病的流行强度是指某种疾病在一定时期内，在某地区、某人群中，发病数量的变化及其病例间的联系程度，常用散发、暴发及流行等表示。

三、传染病患者和接触者的管理措施

（一）对患者的管理措施

对传染病患者应做到早发现、早报告、早隔离和早治疗。其中，隔离患者是控制传染病传播的重要措施。它是将处于传染期内的患者安置于一定的场所，使其不与健康者或其他患者接触，以减少引起新感染者的机会。隔离期限应根据该种传染病的传染期来确定。一般在患者临床症状消失后，经 2~3 次病原学检查（每次间隔 3 天）为阴性时，即可停止隔离。

（二）对接触者的管理措施

对与传染源有过接触并有受感染可能者应根据《中华人民共和国传染病防治法》的要求采取医学观察和留验等措施。医学观察和留验的时间为最后接触日至该病的最长潜

伏期。

（1）医学观察：对传染病接触者定期进行访视、问诊和测量体温，接触者可照常参加工作和日常活动。医学观察适用于乙类和丙类传染病的接触者。

（2）留验：也称隔离观察，是将与甲类传染病患者的接触者隔离于专门场所，限制其活动，不准与其他人员接触，并同时进行医学观察。

四、突发公共卫生事件及其分级

（一）突发公共卫生事件

突发公共卫生事件是指突然发生，造成或者可能造成社会公众健康严重损害的重大传染病疫情、群体性不明原因疾病、重大食物和职业中毒以及其他严重影响公众健康的事件。重大传染病疫情是指某种传染病在短时间内发生、波及范围广泛，出现大量的患者或死亡病例，其发病率远远超过常年的发病率水平的情况。群体性不明原因疾病是指在短时间内，某个相对集中的区域内同时或者相继出现具有共同临床表现患者，且病例不断增加。重大食物和职业中毒是指由于食品污染和职业危害造成的人数众多或者伤亡较重的中毒事件。

（二）突发公共卫生事件的分级

根据突发公共卫生事件性质、危害程度、涉及范围，突发公共卫生事件划分为特别重大（Ⅰ级）、重大（Ⅱ级）、较大（Ⅲ级）和一般（Ⅳ级）四级。其中，特别重大突发公共卫生事件主要包括以下内容。

（1）肺鼠疫、肺炭疽在大、中城市发生并有扩散趋势，或肺鼠疫、肺炭疽疫情波及两个以上的省份，并有进一步扩散趋势。

（2）发生传染性非典型肺炎、人感染高致病性禽流感病例，并有扩散趋势。

（3）涉及多个省份的群体性不明原因疾病，并有扩散趋势。

（4）发生新传染病或我国尚未发现的传染病发生或传入，并有扩散趋势，或发现我国已消灭的传染病重新流行。

（5）发生烈性病菌株、毒株、致病因子等丢失事件。

（6）周边以及与我国通航的国家和地区发生特大传染病疫情，并出现输入性病例，严重危及我国公共卫生安全的事件。

（7）国务院卫生行政部门认定的其他特别重大突发公共卫生事件。

第二节　校园常见传染病的预防

高校人群高度密集，传染病易感易传，必须高度重视。据统计，高校中常见传染病主要有流行性感冒、结核、细菌性痢疾及肝炎等，最容易在校内引起聚集性疫情。认识了解这些传染病，可以使大家做到“早发现、早报告、早隔离和早治疗”，防止传染病传播蔓延，影响高校教育教学秩序，引起社会恐慌，甚至构成公共卫生事件。

一、流行性感冒

（一）什么是流行性感冒

流行性感冒（简称流感）是流感病毒引起的急性呼吸道感染，是人类至今尚不能有效控制的世界性传染病，也是我国重点防治的传染病之一。它是由流感病毒引起的急性呼吸道传染病，传染性极强，传播速度快，容易发生大面积流行，甚至是世界性大流行。

（二）症状

（1）主要症状：发病较突然，高热、畏寒、头痛、乏力、鼻塞、流鼻涕、咳嗽、喉咙痛等。

（2）并发症：肺炎、中毒性休克、脑炎、急性坏死性脑病等，可导致死亡等。

（三）流行特点

（1）传染源：流感病人和隐性感染者。病人的传染期是自出现症状前 1 天至发病后 7 天，或至病例症状消失后 24 小时，发病 3 天内传染性最强。有些人感染病毒后不发病，但也可将病毒传给他人。

（2）传播途径：流感主要通过感染者咳嗽或打喷嚏而喷出的飞沫传播，也可通过接触流感病毒污染的物体，然后触摸自己的鼻子、嘴或眼睛而感染。流感一般是突然发病，发病率高，传播力极强，迅速蔓延，流行过程短，但能多次复发，且易引起肺部感染。流感多发于冬春季节，以经常形成局部或大规模的流行为其主要特征。

（3）易感人群：普遍易感。易在学校、养老院等集体单位暴发。

（4）潜伏期：流感的潜伏期一般为 2~4 天，潜伏期通常没有任何症状。

（四）治疗

迄今为止，流感大多还没有什么特效药。对于未发生并发症的流感患者来说，应多喝水、多休息。

（五）预防措施

流感的主要预防措施如下。

（1）保持良好的个人及环境卫生。

（2）勤洗手，使用肥皂或洗手液并用流动水洗手，不用污浊的毛巾擦手。双手接触呼吸道分泌物后（如打喷嚏后）应立即洗手。

（3）打喷嚏或咳嗽时应用手帕或纸巾掩住口鼻，避免飞沫污染他人。流感患者在家或外出时应佩戴口罩，以免传染他人。

（4）均衡饮食、适量运动、充足休息，避免过度疲劳。

（5）每天开窗通风数次（冬天要避免穿堂风），保持室内空气新鲜。

（6）在流感高发期，尽量不到人多拥挤、空气污浊的场所。不得已必须去时，最好戴口罩。

（7）流感疫苗接种是世界公认的预防流感的有效方法。流感疫苗的免疫接种越来越受到各国的高度重视。实践证明，免疫预防是减少流感危害的一种重要措施和手段，高危人群、易感人群接种流感疫苗是预防流感的有效方法。

二、结核

（一）什么是结核

结核病是由结核分枝杆菌引起的慢性传染病，可侵及许多脏器，以肺部结核感染最为常见。排菌者为其重要的传染源。人体感染结核菌后不一定发病，当抵抗力降低或细胞介导的变态反应增高时，才可能引起临床发病。若能及时诊断，并予以合理治疗，大多可获临床痊愈。

（二）症状

有较密切的结核病接触史，起病可急可缓，多为低热、盗汗、乏力、食欲缺乏、消瘦、女性月经失调等。呼吸道症状有咳嗽、咳痰、咯血、胸痛，不同程度胸闷或呼吸困难。

（三）流行特点

（1）传染源：结核病属于慢性传染病，长期排菌的开放性肺结核患者是主要的传染源。开放性患者大多与正常人生活在一起，极易传染，会造成结核病在人群中的流行，并且难以控制。

（2）传播途径：主要通过呼吸道传染。如果患者咳嗽排出的结核菌干燥后附着在尘土上，形成带菌尘埃，亦可侵入人体形成感染。

（3）易感人群：普遍易感，学校患者以高年龄段学生为主。本病一年四季均可发生，无明显季节特征。

（4）潜伏期：一般为几周到数月，人体感染结核杆菌后不一定发病。患者一般隔离至连续 3 次痰培养阴性。学生患者一般建议休学。

（四）治疗

（1）药物治疗：药物治疗的主要作用在于缩短传染期，降低死亡率、感染率及患病率；而合理化治疗是指对活动性结核病坚持早期、联用、适量、规律和全程使用敏感药物的原则。

（2）手术治疗：外科手术已较少应用于肺结核治疗，只有药物治疗失败无效时才考虑手术。

（五）预防措施

（1）控制传染源，及时发现并治疗。

（2）切断传播途径，注意开窗通风和消毒。

（3）保护易感人群，接种卡介苗，注意锻炼身体，提高自身抵抗力。

第三节　艾滋病的预防措施

艾滋病（AIDS）是一种危害性极大的传染病，由感染艾滋病病毒（HIV）引起。HIV 是一种能攻击人体免疫系统的病毒，它把人体免疫系统中最重要的 CD4+T 细胞淋巴细胞作为主要攻击目标，大量破坏该细胞，使人体丧失免疫功能。因此，人体易于感染各种疾病，并发生恶性肿瘤，病死率较高。HIV 在人体内的潜伏期平均为 8~9 年，在 HIV 潜伏期内，感染者可以没有任何症状地生活和工作多年。

艾滋病主要通过性接触、静脉注射吸毒、母婴传播、血液及血制品等途径传播。

目前，我国艾滋病已进入快速增长期，已覆盖全国所有省、自治区、直辖市，且已由高危人群开始向一般人群扩散，同性传播上升速度明显。据 2023 年 4 月 11 日第八届全国艾滋病学术大会公布，截至 2022 年底，全国报告存活 HIV 感染者和艾滋病病人 122. 3 万名；2022 年新报告病例数为 10. 78 万，较 2021 年下降了 16. 7%，传播途径中，以性传播为主，占比 97. 6%。

目前尚无预防艾滋病的有效疫苗。艾滋病虽然是一种病死率极高的严重传染病，但是可以预防。大学生预防艾滋病要从以下几方面入手。

（1）遵守性道德，洁身自爱，反对性乱，避免婚前和婚外性行为。性自由的生活方式、婚前和婚外性行为是艾滋病、性病得以迅速传播的温床。

（2）不卖淫、不嫖娼。卖淫、嫖娼是使艾滋病、性病传播的重要危险行为。

（3）不以任何方式吸毒，不与他人共用注射器。吸毒是一种违法行为，不仅严重危害吸毒者自己的健康和生命，也危害家庭和社会。远离毒品可以最大限度地避免因吸毒感染艾滋病。

（4）不去消毒得不到保证的诊所、医院打针、拔牙、针灸或手术，不与他人共用注射器、纱布、药棉等。

（5）不轻易接受输血和使用血制品，不要擅自从国外带入血液制品，不要使用未经检验的进口血液制品。

（6）不要用不消毒的针穿耳眼，不要文身。

（7）不要借用或共用牙刷、剃须刀、刮脸刀等个人用品

（8）要避免直接与艾滋病患者的血液、精液、乳汁接触，切断其传播途径。在参与救护流血伤员时，要设法防止血液直接沾在自己的皮肤或黏膜上。

（9）使用安全套是性生活中最有效的预防性病和艾滋病的措施之一。

第十章 心理健康与人际交往

大学阶段是人生发展的关键时期，大学生作为我国文化层次较高的年轻群体，他们富于理性、激情，更富于创造性和挑战性。但是面对瞬息万变的社会、日趋激烈的竞争以及来自学习、专业、就业、经济和情感等诸多方面的问题，他们往往不知所措，容易产生各种不良的心理反应。大学生的心理健康状况直接影响着个人的成长、成才和家庭的幸福，也关联着校园的安全、稳定与和谐。

近年来，许多学者采取各种方法对大学生的心理健康状况进行调查研究，结果表明，我国当代大学生的心理健康状况并不尽如人意，而且有相当数量的在校大学生存在不同程度的心理健康问题，有的甚至已经出现了非常严重的心理障碍。

现代健康的概念不仅包括身体健康，而且包括心理健康，世界卫生组织把健康定义为不但没有身体缺陷和疾病，还要有生理、心理和社会适应能力的完满状态。因此，只有当个人的身体、心理都处于良好状态时，才是真正的健康。

第一节　认识心理健康

很多人认为生理健康和心理健康是两个没有关系的概念，实际上这是不正确的。在实际生活中，心理健康和生理健康是互相联系、互相作用的，心理健康每时每刻都在影响人的生理健康。如果一个人性格孤僻，心理长期处于一种抑郁状态，就会影响体内激素分泌，使抵抗力降低，疾病就会乘虚而入。一个原本身体健康的人，如果总是怀疑自己得了什么疾病，就会整天郁郁寡欢，最后导致真的一病不起。因此，在日常生活中，人们一方面应该注意合理饮食和锻炼身体；另一方面要陶冶情操，开阔心胸，避免长时间处于紧张的情绪状态中。

一、心理健康的概念和标准

心理学提出，心理健康是指一种持续且积极发展的心理状态，在这种状态下，主体能做出良好的适应，并且充分发挥其身心潜能。通俗地讲，心理健康就是精神、活动正常，心理素质好，既能过着平平淡淡的日子，也能经受各种打击。其实心理健康也有属于自己的一套准则。很多人都觉得，心理这个东西太玄妙，没有什么可以参照的物体，其实美国心理学家马斯洛和米特尔曼已经提出了心理健康十条标准，被公认为是“最经典的标准”。

（一）充分的安全感

安全感需要多层次的环境条件，如社会环境、自然环境、工作环境、家庭环境等，其中家庭环境对安全感的影响最为重要。家是躲避风浪的港湾，有了家才会有安全感。

（二）充分地了解自己

能够客观分析自己的能力，并做出恰如其分的判断。能否对自己的能力做出客观、正确的判断，对自身的情绪有很大的影响。如过高地估计自己的能力，勉强去做超过自己能力范围的事情，常常会达不到预期结果，而使自己遭受失败的打击；过低地估计自己的能力，自我评价过低，缺乏自信心，常常会产生抑郁情绪。

（三）生活目标切合实际

根据自己的经济能力、家庭条件及相应的社会环境来制定生活目标。生活目标的制定既要符合实际，还要留有余地，不要超出自己及家庭经济能力的范围。道家的创始人老子曰："乐莫大于无忧，富莫大于知足。"

（四）与外界环境保持接触

与外界环境保持接触，一方面可以丰富自己的精神生活，另一方面可以及时调整自己的行为，以便更好地适应环境。与外界环境保持接触包括三个方面，即与自然、社会和人的接触。

（五）保持个性的完整与和谐

个性中的能力、兴趣、性格与气质等各个心理特征必须和谐而统一，生活中才能体验到幸福感和满足感。例如，一个人的能力很强，但对其所从事的工作没有兴趣，工作也不适合他的性格，所以他未必能够体验到成功感和满足感；如果他对自己的工作感兴趣，但能力很差，力不从心，也会感到很烦恼。

（六）具有一定的学习能力

在现代社会中，为了适应新的生活方式，就必须不断学习。例如，不学习计算机，就体会不到上网的乐趣；不学习健康新观念，就会使生活仍停留在吃饱、穿暖的水平上。

（七）保持良好的人际关系

人际关系的形成包括认知、情感、行为三个方面的心理因素。情感方面的联系是人际关系的主要特征。在人际关系中，有正性积极的关系，也有负性消极的关系，而人际关系的协调与否，对人的心理健康有很大的影响。

（八）能适度地表达与控制自己的情绪

对不愉快的情绪必须尽快释放或宣泄，但不能过分发泄；否则，既会影响自己的生活，又会加剧人际矛盾。另外，客观事物不是决定情绪的主要因素，情绪是通过人们对事物的评价而产生的，不同的评价结果会引起不同的情绪反应。

（九）有限度地发挥自己的才能与兴趣爱好

一个人的才能与兴趣爱好应该对自己有利，对家庭有利，对社会有利；否则，若只顾发挥自己的才能和兴趣爱好，而损害了他人或团体的利益，就会引起人际纠纷，增添不必要的烦恼。

（十）基本需求得到满足

在不违背社会道德规范的前提下，个人的基本需求应得到一定程度的满足。当个人的需求得到满足时，就会产生愉快感和幸福感。但人的需求往往是无止境的，在法律与道德的规范下，满足个人适当的需求为最佳选择。

二、心理健康的表现特征

在实践中，大学生心理健康应从以下几个方面把握。

（一）智力正常

智力正常是大学生学习、生活与工作的基本心理条件，也是适应周围环境变化所必需的心理保证，因此衡量时，关键在于是否正常地、充分地发挥了效能，即有强烈的求知欲，乐于学习，能够积极参与学习活动。

（二）情绪健康

情绪健康的标志是情绪稳定和心情愉快。其包括的内容有：愉快情绪多于负性情绪，乐观开朗，富有朝气，对生活充满希望；情绪较稳定，善于控制与调节自己的情绪，既能克制又能合理宣泄；情绪反应与环境相适应。

（三）意志健全

意志是人在完成一种有目的的活动时，所进行的选择、决定与执行的心理过程。意志健全者在行动的自觉性、果断性、顽强性和自制力等方面都表现出较高的水平。意志健全的大学生在各种活动中都有自觉的目的性，能适时地做出决定并运用有准备的方式解决所遇到的问题。在困难和挫折面前，能采取合理的反应方式，能在行动中控制情绪，而不是盲目行动、畏惧困难。

（四）人格完善

人格指的是个体比较稳定的心理特征的总和。人格完善就是指有健全、统一的人格，即个人的所想、所说、所做都是协调一致的；人格结构的各要素完整统一；具有正确的自我意识，不产生自我同一性混乱，以积极进取的人生观作为人格的核心，并以此为中心把自己的需要、目标和行动统一起来。

（五）自我评价正确

正确的自我评价是大学生心理健康的重要条件，大学生应自我观察、自我认定、自我判断和自我评价，做到自知，恰如其分地认识自己，摆正自己的位置，既不以自己在某些方面强于别人而自傲，也不以自己在某些方面弱于别人而自惭。大学生应能够自我悦纳，喜欢自己，接受自己，自尊、自强、自制、自爱，正视现实，积极进取。

（六）人际关系和谐

良好而深厚的人际关系，是事业成功与生活幸福的前提。其表现为：乐于与人交往，既有广泛而深厚的人际关系，又有知心朋友；在交往中保持独立而完整的人格，有自知之明，不卑不亢；能客观评价别人和自己，善取人之长补己之短，宽以待人，乐于助人。

三、心理健康的常见误区

（一）身体健康就是心理健康

世界卫生组织早在1981年就指出健康不仅指身体健康，还包括心理健康和良好的社会适应能力。所以身体健康不等于健康，也不等于心理健康，它们是相互独立又相互依赖的。只有两者都具备，一个人才算是健康。

（二）心理不变态就算心理健康

心理不健康有多种形式，心理变态只是其极端形式而已。根据状态，人的心理可用三色区来表示：白色区、灰色区、黑色区。人处于心理白色区就是心理健康，处于黑色区则属心理变态，而处于灰色区则介于上述两者之间。它们之间是可以相互转换的，灰色心理调节得当就会恢复为白色心理，调节不当则会发展为黑色心理。所以心理不变态的人不一定心理健康。

（三）心理健康与心理问题是静态的、不可变化的

许多人认为心理健康就永远不会有问题，心理有问题就永远心理不健康了。这是一个误区，其实心理健康与心理问题是相对而言的，这两者是动态的、可逆的、有变化的。

（四）心理问题只发生在少数人身上

其实，几乎人人都有心理问题，只是程度有轻有重，或是自己并没有意识到；有人能自我调节解决，有人却不能及时自我疏导。

（五）纪律、道德、思想问题与心理健康问题毫无关系

实际上，纪律、道德、思想问题与心理健康问题之间是有密切联系的。例如，学生一到上课时就咳嗽不止或喜欢东张西望，教师往往以为是纪律或品德问题。事实上，这也可能是过重的学业负担产生的心理压力引起的躯体反应或心理逆反。

第二节 心理问题的自我调节

从某个角度来说，心理问题犹如一个定时炸弹，如果不及时加以处理，就有可能导致大学生的行为失常，影响学习和生活，甚至走上自杀的道路。中国科学院心理研究所、社会科学文献出版社于2023年4月联合发布的《2022年大学生心理健康状况调查报告》（以下简称《报告》）显示，大约21.48%的大学生可能存在抑郁风险，45.28%的大学生可能存在焦虑风险。因此，大学生要掌握一些处理心理问题的方式与方法，以保证心理充满阳光，积极健康地面对生活。

一、心理调节的总原则

管理心理学认为，人的心理状态虽然受社会生活环境的制约，但是人们仍可以通过各种努力来进行调节，以维持心理平衡，达到心理健康的目的。这种调节可以从以下几方面来进行。

（一）树立正确的人生观、价值观

心理学研究表明，人的价值观念存在很大的差异。有以认识真理为主的科学价值观，有以“先天下之忧而忧，后天下之乐而乐”为准则的道德价值观，有以权力、地位为核心的政治价值观，有以功利、实惠为目标的经济价值观，等等。但是，无论信奉哪一种价值观，只有以辩证唯物主义和历史唯物主义的世界观及人生观为统帅，才能有正确的人生方向，才能正确处理个人与社会之间的关系，才能防止主观片面、固执偏激，才能豁达大度、处事不惊，才能经得住各种挫折与考验。

（二）正视自我，接受现实

马斯洛在进行有关自我实现的实验时发现，心理健康的人对世界的知觉是客观的，能按照生活的真实面目看待生活，能按照自己的本来面目正视自我，并能够坦然地接受现实中的“我”，包括“我”的缺点和不足；相反，心理不健康的人对世界的知觉是主观的，他们不能正确认识自己、评价自己，以致狂妄自大、目空一切，他们不能坦然地接受自己，尤其是自己的缺点，以致自暴自弃、心灰意冷等。

（三）确立符合实际的目标

心理障碍往往源于挫折，而一个人在心理上是否会体验到挫折感，与其抱负的大小密切相关。如果抱负过于远大，失败的机会就越多，则更容易体验到挫折感。因此，大学生在制定目标时，不仅要考虑目标价值的大小，还要充分考虑目标实现的可能性。如果条件不具备、目标实现的可能性极小，即使是很有意义的目标，也不应列入计划。

（四）努力加强个性修养

每个人的个性特征是不同的，从心理学角度来分析，存在神经类型强弱、灵活性的差异，智力水平高低、能力大小的差异，性格内向与外向、独立与依赖的差异，等等。不同的人有不同的性格特征，不同的性格特征有各自不同的积极因素和消极因素，但是有一点是相同的，那就是当一个人性格特征中的积极因素多于消极因素时，在人生的道路上成功的机会就可能多些。因此，大学生应该努力强化自身个性中的积极因素，克服消极因素。这也是消除心理障碍，促进心理健康的有效途径。

（五）合理调控自己的情绪

实践表明，只有在健康情绪状态下，大学生的知觉活动、思维活动，特别是智力和创造活动才能得以正常进行。处于青年时期的大学生，生活经历少，遇事易冲动，不善于控制自己的情绪，常常因一点小事而动感情，或振奋、激动，或丧气、失望等。因此，大学生学会调控自己的情绪，是摆脱心理障碍、维护心理健康的重要途径。

（六）建立良好的人际关系

良好的人际关系，对于排除心理障碍，促进心理健康有着不可替代的作用。要建立良好的人际关系，大学生必须学会以善意的态度与人相处，而不是以敌意的态度待人；尊重别人，而不是强加于人；真正地鼓励与赞美，而不是虚伪地恭维与奉承；友好地劝告与批评，而不是粗暴地讽刺与攻击；等等。

（七）养成良好的学习和生活习惯

人的生理、心理活动是有规律的。大学生在集体生活中，要时刻注意养成良好的学习和生活习惯，学会有规律地生活。这不仅有利于大学生科学用脑，而且对于排除心理障碍、维护心理健康是十分有益的。

二、心理调节的具体方法

（一）学业受挫的心理调节

1. 正确看待学习过程与结果

学习是一种追求，需要明确努力的目标。不少学生看重学习的结果，而忽视了学习过程中的能力锻炼。应注重把握进取的过程，把分数看成是追求过程中的标记。

2. 应有坚定的自信心

只有对自己、对环境、对未来充满信心，才有可能实现目标。大学生应正确调适心理，不妄自尊大，不妄自菲薄。那些负面评价自己、环境和未来的人永远不会成功。

3. 面对困难要认真对待

虽然不是所有的困难都能依靠个人的努力得以解决，但是许多学生却在刚遇到困难时就表现出惧怕和退缩，更谈不上解决困难了，因此始终与困难保持距离。

4. 加强自我肯定

自我肯定是自信心增强的基础，在了解和正确评价自己的基础上，追求自己的需要、利益和价值，才能最大可能地选择和驾驭自己的生活。

（二）恋爱中的心理调节

恋爱是创造和谐美满婚姻的前奏，能否通过它来实现理想的目标，心理因素十分重要。恋爱失败，往往是由心理障碍造成的。因此，大学生在恋爱时要克服不良心理的干扰。

1. 不要有自卑心理

有自卑心理的人，并不一定是因为经济条件差，有的是由于生理缺陷或职业原因或有过某些过失而产生这种心理。有自卑心理的人遇到理想的异性时因担心对方看不起自己，不敢大胆追求而失去时机。有这种心态的人要振作精神，树立自信、自强的心理。

2. 不要以自我为中心

在恋爱中，不能只要求恋人围着自己转，听自己的话，为自己服务，迎合自己的性格需要，而不顾对方的需求、兴趣、爱好和价值。否则，很难得到异性的爱。因此，只有改变以自我为中心的思维方式，学会关心、尊重别人，才能具备恋爱成功的基本条件。

3. 不要有从众心理

有这种心态的人对恋人的看法缺乏主见。别人说好则自觉得意，别人说不好则会觉得不理想，往往因随波逐流而断送了自己的爱情。广听众议是好的，但要认真地分析判断，拿定自己的主意。

4. 不要有求全心理

有人把恋人标准定得太高，超出了实际，极大地缩小了择偶范围，降低了恋爱的成功率。特别是大龄青年求全心理更为突出，结果一误再误。有这种心态的人要从理想化回到现实中来，及时调整择偶标准。

5. 不要有男权心理

女方要求男方的地位、文化水平要比自己高，男方的地位、文化水平低于女方时，则没有勇气去追求女方。克服这种心理的关键在于要领悟爱情的真谛，树立男女平等的思想。

6. 不要有迷信心理

由于封建迷信思想的影响，阻碍了青年男女恋爱关系的建立和发展，甚至酿成不幸。有这种心态的人应该树立科学观念，清除愚昧思想的影响。

（三）失恋后的心理调节

失恋是一种正常的现象，要用积极的心态和行为进行自我调节和调整。

1. 丢弃自卑

任何事情都面临两种结果，要么成功，要么失败，所以谈恋爱首先要有失恋的心理准备。有思想、有志气的青年不应受世俗偏见的束缚，不要自卑，应从恋爱中发现自己的不足，并加以改进。

2. 倾诉

可以找知心朋友或心理疏导者，把自己的痛苦和烦恼毫无保留地发泄出来，并倾听他们的劝慰和开导。如果一时找不到，也可以写在日记本上。这样可以起到释放自己的痛苦和烦恼，寻得心理安慰和寄托，减轻和消除不良情绪的作用。

3. 代偿

失恋以后，要多想想开心的事情，理智地用一些积极的话语来提醒、暗示自己，如“天涯何处无芳草”“塞翁失马，焉知非福”等。也可以进行逆向思维，多想对方的不足，分析自己的优势，鼓足勇气，迎接新的生活。

4. 转移

失恋后，可或向朋友倾诉，或与朋友散步聊天，或给自己刻意安排一些工作量偏大且危险性小的工作，来达到忘却痛苦和烦恼的目的；或去参加自己喜爱的活动，如下棋、画画、跳舞等，以转移注意力、排解苦闷；或投身于大自然，把自己融入大自然的博大胸怀中，从而得到抚慰。

5. 立志

以积极进取的态度和行为，提高自己的能力和修养，全身心地投入学习中。

6. 行为疏泄

行为疏泄是通过机体的外显活动宣泄心理痛苦和烦恼的一种方法，如舞蹈、摔打等。失恋后进行行为疏泄，可以起到减缓愤怒、宣泄不满的效果。

（四）同学交往中的心理调节

同学之间的冲突和争吵是很正常的事情，关键是要积极化解，最好能通过恰当的途径和方式使双方和好。主要的心理调节有以下几点。

1. 直接接触

如果需要，可以约定时间、地点进行面对面谈话，谈话时不要使用威胁性的语言。谈话是为了解决问题，而不是激化矛盾。如果希望谈话内容保密，一开始就应该说清楚。

2. 就事论事

涉及这次事情的具体问题，不要翻旧账，将过去发生的事情牵扯进来。

3. 避免揭短

揭短容易激化矛盾，不利于问题的解决。

4. 永不放弃

没有取得结果并不意味着没有解决的办法。不要停止沟通，而要准备做出让步并找到双方都能接受的解决办法。

5. 不要怪罪

怪罪别人或怪罪自己，对于问题的解决没有任何作用。如果想解决问题，就不要太看重已经过去的事。

6. 责任自负

要对自己的态度负责。

7. 注意聆听

要善于聆听，不要打断别人的话，不要马上做出不满意、不同意的反应。懂得尊重别人，才能得到尊重。

8. 学会宽恕

宽恕别人，意味着给了别人一个改正错误的机会。

9. 公平协商

解决问题要靠双方的共同努力。要本着公平的原则，认真协商，努力找出有利于双方的最佳解决方案。

（五）与教师相处中的心理调节

师生关系是学校中最重要的人际关系。师生关系的好坏，将直接影响学生的学习效果。因此，大学生要正确处理与教师的关系。

1. 培养尊师的真挚感情

古往今来，作为传道、授业、解惑的教师，都希望自己的学生“青出于蓝而胜于蓝”。学生只有尊重教师的辛勤劳动，才能不辜负教师的期望。人不可能十全十美，教师也不例外，对教师的过失，学生应该给予原谅。

2. 要客观、全面地认识教师

当受到教师批评时，大学生要客观、冷静地分析：老师为什么要批评自己，自己哪些方面做错了，发生错误的主要原因是什么，自己应该从中吸取哪些教训，怎样做才最有利于解决问题和自身的发展。

3. 学会与教师对话的技巧

与教师交流时最重要的一点是要学会适当地表达自己的要求与意见。这里说的适当包括恰当的时间、恰当的语气和语言、恰当的行为表现等。不要在被教师批评的时候，反而向教师提出要求，这样会给人一种不礼貌，甚至是耍无赖的感觉。

（六）就业时的心理调节

大学生在就业过程中，难免会遇到这样或那样的问题，如果没有及时进行心理调节，有可能会产生焦虑、抑郁、自卑等不良心理，严重者可能会丧失对生活的信心，从而走上自杀的道路。因此，大学生要坚持做到以下几点。

1. 正视社会现实

在择业过程中，只有了解社会现状，才能更好地正视社会、适应社会，进而发挥自身潜能，为社会做出贡献。

2. 调整心态，充分准备

及时了解招聘单位情况，做好求职前的必要准备，如求职材料等。求职面试时要怀着“我一定会成功”的坚定信念，并且注重面试技巧，适时推销自己。

3. 及时调整择业期望

有的学生往往由于对工作环境、工资收入、福利待遇、职业地位等要求过高，而在求职时受挫。不妨调整期望值，放下包袱，分析失败原因，采用“分步达标”的办法，先就业再择业，最终实现自己的愿望。

4. 放眼未来，再展宏图

由于种种原因，学非所用在所难免，有不少学生很难找到满意的工作。对于这些问题，要从长计议，正视现实，适应环境，放眼未来。职业是生活的起点，只有全身心地投入其中，才能使自己成长、发展、充实、满足，从而实现人生价值，达到服务社会的要求。

5. 融入新环境，适应新岗位

到了新的工作岗位，要以积极的心态主动参加单位的各项活动，尊敬领导和同事，团结他人，尽快适应新的工作环境、生活环境、职业岗位和人际关系。

6. 谦虚谨慎，敢于竞争

刚参加工作的大学生往往志向远大，但由于缺乏经验，工作中难免弄巧成拙。因此，在实际工作中，对领导、同事的善意批评要正确认识，虚心接受别人的意见。从小事做起，一步一个脚印做好工作。同时也要敢于竞争，要从实际出发，充分考虑自己的专业、性格、爱好，扬长避短，发挥特长，关键时刻显身手。

在现代社会人们已普遍意识到，竞争已不仅是智力和体力的竞争，更重要的是心理素质、心理与人格的较量。因此，大学生一定要正确看待心理安全问题，增强自身的心理素质，提高自身应对心理困扰的能力，保障心理健康。

第三节　大学生的情绪管理

一、情绪的产生

处于成长期的大学生，心理上正经历变化波动较大的时期，反映在情绪和情感方面，表现为情绪的不稳定性与冲动性，情感体验开放、丰富，却容易陷入情绪困扰，导致其心理健康、学习生活和未来事业受到不同程度的影响。作为具有独立性的大学生应认识、认知情绪，并学会应对不良情绪，成为自己情绪的主人。

谈情绪管理之前，需要先说说情绪是怎么产生的。在生活中，有很多事情都会引起我们情绪的变化，那么真的是那些事情引起了我们的情绪反应吗？答案是：不全是。因为当我们面对一件事情时，首先会站在自己的角度，根据自己的态度，结合自己的经验，依靠自己的能力来分析、评价这件事对自己来说意味着什么。然后，我们会根据这个评价、分析、判断的结果来给自己“选择”一种情绪。这就是心理学家阿尔伯特·艾利斯提出的情绪反应的A、B、C模式。

A（Activating Event）——事件或情境。

B（Beliefs）——人们对这个事件或情境抱有的信念，即人们的态度、想法、评价、解释。

C（Consequences）——结果，包括情绪结果（如焦虑）、行为结果（如攻击）、生理结果（如心悸、手脚冰凉）。

正是因为我们的情绪并不完全是由所面对的事情所决定的，所以这就使情绪管理成为可能，否则遇到什么事情就必须有什么情绪反应，那就无法管理了。也许有的学生会有疑问，为什么自己常常会经历非常极端的情绪，是自己遇人不淑，还是运气不好？问题到底出在哪里？需要说明的是，情绪反应本身没有问题，如果觉得自己事事不如人，当然会觉得抑郁、自卑；如果觉得对方是个十恶不赦的人，自己当然会火冒三丈。那么，问题出在哪儿呢？问题出在人们对事情的判断上。

一些常见的思维习惯/思维模式会使我们对情况做出误判，从而导致坏心情，并“再接再厉”地影响我们解决问题的能力。那么，找到并处理这些错误的想法，重新修订我们的判断与结论，就可以帮助我们从自己给自己设下的圈套中走出来。所以，我们在 A、B、C 的基础上，再加 D 和 E 两个步骤，即 D（Disputing）——找出我们通常使用的那些有可能会误导我们，使我们得出不准确结论或判断的错误思维模式，E（Effective Rational Beliefs）——找到新的有效办法，来帮助我们解决面对的问题。

二、常见的错误情绪思维

（一）非黑即白式思维

看事情绝对化，走极端，如“我的工作必须做得非常出色”“我安排好的事情绝对不能节外生枝”。

（二）贴标签思维

对自己、别人或事情下笼统的结论，而不是具体而准确地指出问题或描述问题，如“考试没考好，我真是个笨蛋”“我的老师又批评我了，他就是看我不顺眼”。

（三）只关注负面因素思维

不能全面而合理地看待事情，只看到其不好的一面，如“我的工作总是出错”“他总是给人惹麻烦”。

（四）怀疑和忽视积极因素思维

把正面的事情视为无关紧要，如“虽然老师说我的作业做得还不错，可他只不过是敷衍我罢了”。

（五）妄加揣测思维

从别人的行为中推测他们的想法或行动会对自己不利，如“我觉得我的导师认为我不能完成这个项目”“她看见我了，可她没理我，我哪里惹到她了”。

（六）运气型思维

经常用不充分的证据来预测最坏的结果，如“一大早就出错，今天的考试恐怕会糟糕透顶”。

（七）片面夸大或灾难化思维

把事情的重要性夸大化，把事情可能给自己带来的影响过度化，如“如果他离开我，我就活不下去了”。

（八）情绪化推理思维

根据自己的感觉而不是事实来评判事情，如“我很担心，这次的工作一定做不好”。

（九）外因化思维

把错误全都归于外因，如“这都是那个同学的错，她根本就不该给我安排任务”。

（十）内因化思维

把错误全都归于自身，如“他离开我，是因为我不够好”。

（十一）绝对化要求思维

对自己、别人或事情的期望不切实际，或过于死板、僵化，如“我们绝对不能吵架”“不管怎么样，我必须完成这项任务”。

（十二）挫折型思维

面对挫折和困境时，把自己的承受能力看得很低，认为自己无法承受，如“在高峰时间去食堂排队打饭，我可受不了”“这门课程太枯燥了，我不想学了”。

只有修正这些容易导致坏心情的思维方式，才能使我们免于糟糕情绪的困扰。

三、修正错误思维

（一）应当具备相对型的思考方式

如果你习惯用“特别好”或“特别糟”这样的极端态度来看待事情的话，试试用一些中性的词来帮助你更为准确地看待问题。例如，把“我的考试绝对不能有一点错误”替换成“我会努力考好”。

（二）接纳自己

当你的家人或朋友犯了错误之后，你会怎么做？通常我们都会原谅、开导他们。因为我们知道谁都有可能犯错。那么，你也会这样对待自己吗？例如，把“我的论文搞砸了，我真是个蠢货”替换成“我的论文里有几个错误，但这并不能说明这篇论文一无是处。现在我已发现问题出在哪里，以后我会避免这些错误的”。

（三）不贴标签

当你准备说自己或别人“一点用都没有”时，你要想一想这个“标签”是否准确，是否全面地概括或评价了自己或别人。因为人是多面的、复杂的，绝不可能用一个或几个词就把一个人准确地概括出来。所以，把“我这次考试考砸了，我真是个干什么都不行的失败者”替换成“虽然我这次考试不及格，给我带来了一些麻烦和困扰，但我想我能够找到办法来解决这个问题”。另外，当你对自己或别人的做法感到生气、失望时，记得只评价行为，而不要涉及对人本身的评价。

（四）把视野放宽

不要只关注某一方面（特别是不好的那一面）而忽视整体，应全面地看待问题，把好的、不好的都列出来，以帮助自己理清思路，更好地解决问题，而不是一味地停留在自责或愤怒的情绪困扰中。

（五）寻找事实证据

我们应依靠事实（而不是自己的想象）来得出结论。“我觉得他讨厌我”或“我想他可能故意给我找麻烦”等都属于主观想象，而不是事实，所以在下结论时，要记得看一看自己的论据是否属实。另外，对自己的某些想法，可以试着通过实际行动来证明其正确与否。例如，如果你认为“我绝对受不了排队”，那么当你必须排队时，你可以选择最长的队伍，同时记得不要急着生气，而是看一看自己是否真的会因排队而精神崩溃。

（六）灵活地判断问题

那些教条的、绝对的、苛刻的想法是高度压力的来源，试着把这些僵化的想法用灵活的观念来替代。例如，把“我的论文必须做得非常出色，否则我就完蛋了”替换成“虽然我很希望出色地完成我的论文，但总会有人对其中的某些方面有不同的看法或不满意我的工作，我没法让每个人都满意，也不能让每个愿望都实现。如果我没能出色地完成论文，那可能表明我某些方面的工作有所欠缺，但并不代表我一无是处、一事无成”。

（七）别把自己吓坏

无论什么事情，将其不利之处夸大，都会使人很容易被“自编自导”的“恐怖片”吓坏。我们应合理看待事情的不利之处，将其不良后果、影响放在应有的范围之内，而不是过度夸张。例如，把“离开他我就活不下去了”替换成“虽然分手令人很伤感，但这并不代表我是个失败的人，也并不说明我一无是处，我还会寻找到适合我的人，我的生活不会因此而永远悲惨下去”。

情绪管理不是让自己从此一帆风顺，再也不遇到任何问题与麻烦，而是让我们在遇到问题时，可以通过对自己想法的反思、重新评价、重新修正，帮助我们以一种更为合理的、与实际情况更为相符的方式来看待问题，从而摆脱“坏”情绪对自己的影响与干扰。

第四节　大学生常见心理疾病及其治疗

一、神经衰弱

（一）神经衰弱的判断

神经衰弱主要是由于某些长期存在的精神因素引起脑功能活动过度紧张，从而产生了精神活动能力的减弱，是一种常见的神经症。患者常感到脑力和体力不足，易兴奋，易疲劳，工作效率低下，还常伴有头痛等躯体症状和睡眠障碍。

（二）神经衰弱的治疗

神经衰弱的治疗和调节方法比较多，除通过心理咨询外，主要通过放松来进行自我调节。

具体方法有做深呼吸、意念放松、肌肉放松。

（1）做深呼吸。平躺于床上，一手置于腹部，一手置于胸部，用鼻子用力吸气，再用嘴唇慢慢呼气，注意呼吸应当深长缓慢，呼吸时使全腹上下起伏，用心体会呼吸时的声音和肌体越来越松弛的感觉。每天须做 1～2 次，每次 5～10 分钟，12 周后将练习时间延长到 20 分钟。

（2）意念放松。闭目养神，心平气和，除去杂念，集中注意力到丹田，想象丹田有一股气流，接着吸气，这股气流由丹田慢慢流到胸口，又到头部，最后到达头顶，再顺向吸气，自脑后流向脖子，顺着脊柱回到丹田。反复循环直到消除压力和紧张。

（3）肌肉放松。晚上睡觉前，轻轻地坐在椅子上，双臂和手平放于扶手上，双腿自然前伸，头与上身轻轻后靠。放松动作要领是先使该部位肌肉紧张起来，保持紧张状态 10 秒，然后慢慢放松，并注意体验放松时的感觉（如发热、发沉等）。整个放松训练按照由下至上的顺序，先从脚趾肌肉放松开始，再到小腿肌肉放松、大腿肌肉放松、臀部肌肉放松、腹部肌肉放松、胸部肌肉放松、背部肌肉放松、肩部肌肉放松、臂部肌肉放松、颈部肌肉放松，最后到头部肌肉放松。每次放松训练 20～30 分钟即可。

二、强迫症

（一）强迫症的判断

强迫症是指某些行为的持续存在毫无意义且不合理，却不能克制地反复出现，越是企图努力抵制，越是感到紧张和痛苦，从而导致严重的内心冲动，并伴有强烈的焦虑和恐惧。常表现为强迫怀疑、回忆、联想，强迫情绪，强迫清洗、询问、检查等。

（二）强迫症的治疗

（1）心理治疗。主要采取解释性的心理治疗，目的在于提高患者对病症的认识，使患者认识到强迫症是一种功能性疾病，而不是器质性疾病，经过治疗会逐渐好转，帮助患者树立战胜疾病的信心。

（2）行为治疗。例如，对于恐高症，可以在专业医护人员带领下上楼。实践证明，经过反复多次训练，可取得很好的疗效。

（3）自我疗法。当强迫症出现时，自己给自己强烈刺激，引开注意力。有专家提议：预备一根皮筋套在手腕上，当出现症状时，立即拉弹皮筋圈，使自己感到疼痛，从而抑制或消除症状。

（4）药物治疗。对于有强迫思维的患者可在专业医生的指导下采用药物治疗。

三、抑郁症

（一）抑郁症的判断

判断识别典型的抑郁症最直接的方法，就是一个人的抑郁情绪持续两周以上，同时伴有下述症状。

（1）情绪低落、兴趣丧失或无愉快感；精力减退或持续疲乏；活动减少或动作迟滞；有罪恶感，过分自责或内疚。

（2）联想困难或注意力不能集中；无价值感，缺乏信心，常想到死或自杀。

（3）睡眠障碍，失眠或早醒；食欲明显下降，体重降低。

（4）性欲下降或者对性失去兴趣。

假若有一条特别严重，或数条同时出现，就很可能是抑郁症发作的征兆，一定要提高警惕。轻度抑郁者虽然可以自我控制情绪，但时间一长，会渐渐失去扮演社会角色的能力；重度抑郁者则有可能自残，造成更大损失。

（二）抑郁症的治疗

抑郁症并不可怕，只要接受及时、正确的治疗，很快就会恢复。

（1）药物治疗。用来改变脑部神经化学物质的不平衡，包括抗抑郁剂、镇静剂、安眠药、抗精神病药物，但都需要求助于精神专科医生。

（2）心理治疗。改变不适当的认知或思维、行为习惯，可求助于专业心理治疗机构及专业人员。

（3）享受阳光及运动。阳光中的紫外线有助于改善一个人的心情。多做运动，可使心情得到意想不到的放松

（4）良好的生活习惯。有规律与安定的生活是抑郁症患者最需要的。保持心情愉快，不要陷入自己假想的心理旋涡中。

四、神经性进食障碍

（一）神经性进食障碍的判断

神经性进食障碍又名神经性厌食症，是指因故意节食造成的对于吃饭的恐惧或者没有欲望，有厌食、呕吐等表现，严重的营养不良患者可能有生命危险。

（二）神经性进食障碍的治疗

（1）补充营养。因为在严重营养不良状态下，死亡率可高达 10%，所以必须紧急抢救治疗。如果患者拒绝治疗，应采用劝说及强迫的方式使其住院，以挽救其生命。

（2）心理治疗。心理治疗包括疏导病人的心理压力，使其对环境、对自己有客观的认识，找到适应社会的角度并学会处理和应对各种生活事件。心理治疗要找有经验的专业心理医生。

（3）要了解健康体魄的概念、标准体重的意义，对自己的身体状况有客观的评估，了解食物、营养学方面的知识。

五、精神分裂症

（一）精神分裂症的判断

精神分裂症是一种慢性、易复发、常见的精神疾病，发病的年龄多在 16~35 岁。其表现如下。

（1）思维障碍。思维障碍是指思维缺乏逻辑性和目的性，言语不着边际。思维内容障碍

主要是指与事实明显不符，但患者却又坚信不疑的妄想，常见的有被害妄想、关系妄想、嫉妒妄想等，此类妄想往往内容荒谬离奇，对象广泛且易变更。

（2）感知障碍。最常见的是言语性幻听。患者若受幻听支配，可表现为与幻听对话或接受指令后做出荒唐之举。不常见的还有幻视、幻味、幻嗅等。

（3）情感障碍。主要表现为情感淡漠和迟钝。患者对切身和周围之事毫不关心，也有些病人表现为情感不协调或倒错，其内心的体验与情感的表现不一致，甚至相反。

（4）意志障碍。在情感淡漠时，其意志活动能力多低下，表现为退缩、被动、缺乏进取心等；反之，在情绪激动时，其意志表现会出现病态的增强。

（5）行为障碍。一般有兴奋和抑制两种表现。兴奋多为冲动性的，如伤人毁物、自残等；抑制则有多种形式，如动作刻板、疏懒少动、离群索居等。

（二）精神分裂症的治疗

（1）药物治疗。近年来，精神分裂症的药物治疗有了很大进展。抗精神病药物能迅速、有效地控制兴奋，消除幻觉妄想，调整情绪和意向障碍，改善患者与环境的接触。

（2）心理治疗。在用药物调整大脑功能的同时，必须重视环境和情绪因素，发挥患者在治疗中的主观能动作用。心理治疗可求助于专业心理治疗人员。

另外，丰富精神生活的内容，活跃情绪，对治疗精神分裂症也有很大帮助。

第五节　人际关系与人际交往

大学生正处在学习知识、了解社会、探索人生的重要时期，思想活跃、精力充沛、兴趣广泛，人际交往的需要极为强烈。人际关系的适应已经成为心理健康的一个重要组成部分，良好的人际关系可以帮助青少年更好地适应身体和心理变化。大学生要想适应不断变化的时代和现实社会，要想有所作为，就必须不断地努力培养自己的交往能力。大学生人际交往能力的培养应注重人际认知、人际交往技巧和实践参与。

一、大学生必须面对的人际关系

美国著名的心理学家和人际关系学家戴尔·卡耐基认为，一个人掌握的专业知识和技能大约只能占其成功因素的15%，而85%的成功来源于良好的人际关系。

人际关系是一个人的能力、思想品质和心理素质的综合体现。一个人的人际关系好，表明其身上有很多优秀的东西令人钦佩。因此，大学生要建立起良好的人际关系。

（一）校园里的同学关系

同学是大学生人际交往的主要对象，同学关系是大学生人际关系的主要内容。大学校园里的同学关系总体来说是和谐、友好的，同学之间的关系有亲情化、家庭化的趋势，即在日常生活、学习中有一种如同亲属般和谐稳固的同学关系。在今天的大学校园里，大学生根据各自的兴趣、爱好、性格等，结成一个个或松散或紧密的交际圈。这些交际圈按类型可分为以下几种。

1. 学习圈

学习圈是因共同的学习愿望或目的而组成的圈子。但真正为了学习学校开设的课程而形成学习圈的并不多，大都是为了通过某种公共考试而形成的学习圈，如研究生入学考试、托福考试、GRE（美国研究生入学考试）、司法考试等。

2. 社团圈

学生社团是大学校园里一道亮丽的风景线，是校园文化的重要组成部分。社团有理论类、实践类、文艺类、军事类、体育类，涉及文、史、哲、天文地理、生物、音乐、体育、美术等各个方面。许多大学生通过社团走出校园，将自己与自然、社会融为一体，培养能力，增长才干。

3. 娱乐圈

这个圈子里的学生都爱好某种娱乐活动，如体育运动、文艺活动等。喜欢体育运动的学生，课余时间经常在一起活动，不仅内部操练，还经常参加比赛，力求把圈子的活动搞得丰富多彩。喜欢下棋等休闲活动的，总是抽空就摆开阵势。

4. 合租圈

近年来，不少高校出现了学生校外租房的现象。校外租房合住的大学生们组成了一个个独特的生活圈子。校外租房的原因有很多：有的学生是为了考研，改善学习环境；有的学生是为了打工方便；也有个别学生与舍友关系紧张，因而与关系好的同学形成新的生活圈。合租圈是在社会转型时期大学校园里出现的新的学生交际圈。但为了安全管理，高校一般不提倡大学生校外租房。

5. 老乡圈

20 世纪 90 年代以来，老乡会逐渐成为大学校园里的热点，是大学生一个重要的交际圈子。老乡会多由来自同一地区的学生组成，大的以省为界，小的以市、县为界，以老乡感情维系，内部人际关系比较亲密，具有一定的封闭性和排他性。老乡会的活动时间相对比较集中，一般集中在 9 月、10 月新生入校期间和五六月份毕业生即将离校阶段。

（二）校园里的师生关系

教师与学生是大学校园里的两大基本群体。教师是学生人际交往的重要对象，师生关系是学生人际关系的重要内容。师生关系如何，直接影响到学生能不能健康地学习成长，并在很大程度上决定着学校能不能对学生的身心健康给予积极的影响。

随着社会的发展，人们的很多观念都发生了变化，但学生中尊师的主流思想一直没有变。在大学校园中，教师在建立新型师生关系中处于主动地位，他们对待学生的态度直接影响着师生关系发展的方向与速度。

（三）网络人际关系

网络人际交往是人们在网络空间里进行的一种新型人际互动方式。网络人际交往给大学生的生活方式、价值观念带来的改变是前所未有的。据中国互联网网络信息中心发布的统计报告，目前在我国的网络用户中，学生占 21%，是上网用户比例最大的一个群体，其中，高校学生达学生上网量的 90%。

网络是一把双刃剑，网络人际交往对大学生的健康成长既有正面效应，也有负面效应。它可扩大大学生交友的范围，了解外面的世界。但是，由于大学生的识别能力、判断力不强，沉溺于网络交往、上当受骗等现象时有发生。因此，大学生应提高认识，正确处理和对待网络人际关系。

二、良好人际关系的建立

（一）把握人际交往的原则

大学生要想建立起良好的人际交往关系，首先要把握人际交往的原则。

1. 平等交往

平等主要指交往双方态度上的平等。每个人都有自己独立的人格、做人的尊严和法律上的权利与义务，人与人之间的关系是平等的。在交往过程中，如果一方居高临下、盛气凌人、发号施令、颐指气使，那么他很快便会受到孤立。大学生往往个性很强，互不服输，这种精神是值得提倡的，但绝不能高人一头，更不能因同学的出身、家庭、经历、长相等方面的客观差异而对人“另眼相看”。持平等的交往原则，就要正确评价自己，不要光看自己的优点而盛气凌人，也不要只见自身弱点而盲目自卑，要尊重他人的自尊心和感情，这是人际交往的基础。

2. 尊重他人

每个人都有自己的人格尊严并期望在各种场合中得到尊重。尊重能引发人的信任、坦诚等情感，缩短交往的心理距离。一般来说，大学生的自尊心都较强，因此，大学生在人际交往中尤其要注意尊重的原则，不要损害他人的名誉和人格，要承认或肯定他人的能力与成绩。否则，容易导致人际关系的紧张和冲突。坚持尊重的原则，必须注意在态度上和人格上尊重同学，平等待人，讲究语言文明、礼貌待人，不开恶作剧式的玩笑，不乱给同学取绰号，尊重同学的生活习惯。

3. 真诚待人

真诚是人与人之间沟通的桥梁，只有以诚相待，才能使交往双方建立信任感，并结成深厚的友谊。真诚又是成功交往的基础，知心朋友和牢固的友谊是通过真诚相处才获得的。那么，怎样做到真诚呢？简单地说就是一要正直无私；二要说老实话，办老实事，做老实人；三要表里如一，言行一致。坚持真诚的原则，必须做到热情关心、真心帮助他人而不求回报，对朋友的不足和缺陷能诚恳批评。对人、对事实事求是，对不同的观点能直陈己见而不是口是心非，既不当面奉承人，也不在背后诽谤人，做到肝胆相照、赤诚待人、襟怀坦白。

4. 互助互利

人际关系以能否满足交往双方的需要为基础。只有交往双方的心理需要都能获得满足，其关系才会继续发展。因此，交往双方要本着互助互利原则，当一方需要帮助时，另一方要力所能及地给对方提供帮助。这种帮助可以是物质方面的，也可以是精神方面的；可以是脑力的，也可以是体力的。一个人如果只想得到别人帮助，而不去帮助别人、关心别人，是处理不好人际关系的。坚持互助互利原则，就要破除极端个人主义，与人为善，乐于帮助别人。

5. 讲究信用

诚信是一个人内在气质的反映，是衡量一个人综合素质的重要指标，是成功的伙伴，是无形的资本，是中华民族优秀传统美德。信用原则要求大学生在人际交往中说真话，言必信，行必果。答应做到的事情不管有多难，也要千方百计、不遗余力地办到。如果经再三努力而没有实现，则应诚恳说明原因，不能有“凑合”“对付”的思想。守信用者能交真朋友、好朋友，不守信用者只能交一时的朋友或终将被抛弃。坚持信用原则，要做到有约按时到，借物按时还，不乱猜疑，不轻易许诺、信口开河。

6. 宽容大度

人际交往中产生误解和矛盾是不可避免的。大学生个性较强且接触密切，不可避免地会产生矛盾。这就要求大学生在交往中不要斤斤计较，而要谦让大度、克制忍让，不计较对方的态度和言辞，做到“宰相肚里能撑船”。宽容克制并不是软弱、怯懦；相反，它是有度量的表现，是建立良好人际关系的“润滑剂”，能“化干戈为玉帛”，赢得更多的朋友。在宽容他人身上的缺点时，应该看到他人身上的优点，这样才能赢得他人的尊重和信任；同时，也要清楚地认识到自己身上的缺点和不足。古人说得好：“水至清则无鱼，人至察则无徒。”明白了这些道理，就会多一些宽容，多一些真诚，从而多一些友谊。

7. 保持距离

距离产生美，这是有一定道理的。保持距离绝不是设置心灵上的屏障或戒备防线，它因人、因场合而异，人与人之间亲密程度的不同所保持的距离是不相同的。同学之间要处理好人际关系，保持牢固的友谊，需要保持适当的距离，这样既能感受到对方的温暖，又免于相互之间的伤害。懂得了这一道理，我们就学会了尊重和被尊重，就能更好地处理人与人之间的关系。

（二）掌握人际交往的艺术

1. 语言艺术

随着全球化的发展，人际交往复杂性深化，人的社会关系向全面性发展。人际交往复杂性的深化，要求人们在交往中充分发挥主体性，谨慎地选择和使用交往的媒介——语言，讲究交往中的语言艺术，从而使人的社会关系得到全面、和谐的发展。

（1）采用恰当的语言方式。语言交际是交往过程中运用口头语言和书面语言交流思想、情感和信息的沟通形式。口头语言沟通如会谈、讨论、演讲及对话等，书面语言交际如书信、通知、E-mail（电子邮件）、微信、BBS（论坛）等。不同的交际方式，必须采取不同的语言表达方式。例如，个体之间、人与人之间的距离近，容易倾听，说话要轻言细语，使交际显得亲切。在交际中，语言表达要简明、清晰，不要啰唆、含糊；要通俗朴实，不要过于晦涩华丽；要因时因人而异，不要千篇一律；要生动富有感情，不要呆板冷漠；等等。要学会倾听，耐心听取他人的表述。不要以自我为中心，只许自己滔滔不绝，而不给他人讲话的机会，或他人一讲就中间打断，表现出对对方的不尊重，这样不利于交际。当别人讲话时，即使自己很不愿意听，也要克制情绪，不要表现出不耐烦而让对方尴尬。否则，难以取得良好的交际效果。

（2）要始终注重尊重原则。人际交往中要始终注重尊重原则。只有相互尊重，才能称得上平等。尊重包含两个方面的内容：自尊和尊他。每个具有独立人格的个人，都具有自尊心，即希望别人尊重自己。但是要被他人尊重，必须先尊重他人。

（3）要以积极的态度听取他人的表达。在交际时，要学会以尊重对方的态度倾听，给别人谈自己想法和体会的机会与空间，切忌自己从头讲到尾，切忌大包大揽、不顾对方的谈话方式。正如有位哲人所言，“善于听的人，别人欢迎，自己长智”。

（4）要合理地选择合适的话题。在人际交往中，话题选择的恰当与否也是影响沟通效果的重要问题。心理学研究表明，情感引导行动。积极的情感，如喜欢、愉悦等往往能够形成理解，甚至是接纳、合作的行为效果；而消极的情感，如愤怒、厌恶等常会带来拒绝，甚至是排斥。因此，与人沟通时，选择能使人产生积极情感的话题非常关键。选择沟通话题时要避免对对方及与对方相关的人的轻佻、轻视；要避免谈论对方不愿意提及的问题或是让对方伤感、难过的话题。其实，打动人心的最佳方式，是要学会察言观色。出门看天色，进门看脸色，这是一种交际行为。观其天色，可推知阴晴雨雪；看其脸色，便可知人的情绪。知情绪，便善相处；善相处，便能心相通；心相通，便能达到一致。因此，学会察言观色是不可忽视的交际之道。学会察言观色，留意对方的表情，互谅互让，当止即止，就能减少很多纠纷，求得和睦相处。

（5）要尽量避免与人辩论。辩论的结果只能是失败，永远无法获胜。即使表面上你取得了胜利，实际上却与失败没有什么区别。就算你在辩论上胜了对方，把对方驳得体无完肤，甚至指责对方神经错乱，可是结果又会怎么样？虽然你逞了一时之快，感到高兴，但是对方却会感到自卑。你伤了他的自尊，他会对你心怀不满。

2. 非语言艺术

非言语沟通，就是通过使用不属于言语范畴的方法来传递信息的过程。非言语沟通的形式很多，如身体动作、面部表情、空间利用、声音暗示、穿着打扮和其他装饰等，甚至没有表情的表情、没有动作的动作都是非语言沟通的有效途径。非语言艺术一般包括眼神、手势、面部表情、姿态、位置、距离等。掌握和运用好这种交往艺术，对大学生的人际交往很有帮助。“眼睛是心灵的窗户”，面部表情是内心情绪的外在表现，能表达人的态度和情感，如眉飞色舞表示内心高兴、怒目圆睁表示愤怒等。交往中还可用肢体动作来表达思想。大学生在人际交往中根据谈话的内容和场合正确运用非语言艺术，巧妙地表达自己的思想感情，有时能起到“此时无声胜有声”的作用。但非语言艺术要运用得恰到好处，不可过于频繁和夸张，以免给人手舞足蹈之感。

美国口语学者雷门德罗斯曾经分析，在人际交往过程中，人类所获得的信息总量，只有35%是通过语言符号传播的，而剩余的65%是非语言符号传达的，其中仅面部表情可传递65%中的55%的信息，由此我们可以得到这样一个公式：信心传递/接受的全部效果＝词语（7%）＋表情（55%）＋声音（38%）。

3. 改变刻板印象

刻板印象也称类属性思维，是指人们通过整合有关信息及个人经验形成的一种针对特定对象的既定认知模式。

偏见往往会使人际交往的范围缩小化。偏见还会使人总是从自我出发，依着自己的好恶、经验感受来评价、判断是非，以己之长，比人之短，不能正确评价别人，也难以与人真诚相处。

4. 克服晕轮效应

晕轮效应又称“光环效应”，属于心理学范畴，是指当认知者对一个人的某种特征形成好或坏的印象后，他还倾向于据此推论此人其他方面的特征，本质上是一种以偏概全的认知上的偏误。这也是人际知觉的错觉现象，它会对人际交往产生不利影响，以致对他人形成错误的态度与判断，容易以外表推断内在本质特征、以外貌特征推断人的内在个性品质，从而误导人际交往。

（三）增强自己的人际魅力

人际魅力是指在人际交往过程中形成的、个体对他人给予的积极和正面评价的倾向。

每个人都有自己喜欢的人，并愿意与之交往；每个人也都有自己讨厌的人，不愿意和这些人交往。这种现象反映的实际就是人际魅力。那么，大学生如何增强人际魅力，做一个受欢迎的人呢？

1. 建立良好的第一印象

第一印象在人际交往中具有重要作用。人们会在初次交往的短短几分钟内形成对交往对象的一个总体印象，如果这个第一印象是良好的，那么人际吸引的强度就大；如果第一印象不是很好，则人际吸引的强度就小。最初的印象在人际交往过程中还会深刻影响交往的深度。

怎样表现才能给人留下良好的第一印象呢？心理学家卡耐基在其著作《如何赢得朋友及影响他人》一书中总结出给人留下良好第一印象的六种途径：

（1）真诚地对别人感兴趣。

（2）微笑。

（3）多提别人的名字。

（4）做一个耐心的听者，鼓励别人谈他们自己。

（5）谈符合别人兴趣的话题。

（6）以真诚的方式让别人感到他很重要。

2. 提高个人的外在素质

追求美、欣赏美、塑造美是人的天性。美的外貌、风度能使人感到轻松愉快，并且在心理上构成一种精神的酬赏。大学生应恰当地修饰自己的容貌，扬长避短，注意在不同场合选择样式和色彩符合自己的服装，形成自己独特的气质和风度。同时，大学生要注意追求外在美和内在美的协调一致，即秀外慧中。随着时间的推移，交往的加深，外在美的作用会逐渐减弱，对他人的吸引会逐渐由外及内，从相貌、仪表转为道德、才能，良好人际关系的可能性也就大大增加。

3. 真诚关心别人，了解别人

无论你有什么本领、特长，受教育程度有多高，都不如真心实意的关心更能给人深刻的印象，也不如了解和记住别人的情况更能产生积极的效果。

4. 善于倾听别人意见

倾听是沟通的第一步，也是我们建立良好人际关系的关键之一。有效的倾听能够让人际关系不断得到提升，并得到他人的信赖。

5. 多为他人着想

每个人都应该学会站在他人的立场上，从他人的角度出发，设身处地为他人着想。“己所不欲，勿施于人”，积极地参与他人的思想感情，意识到“我也会有这样的时候……我遇到这样的事情会怎么样”，这样才能实现与别人的情感交流。这种积极地参与别人思想、情感的能力可以把自己和他人拉得很近，并能化解很多矛盾和冲突。

6. 优化人格

人际交往中的心理障碍基本都是个人人格的表现，因此改造不良人格，培养和优化良好性格是建立和发展良好的人际关系的重要方面。通常，具有良好性格特征的大学生，如热情、开朗等，往往具有相当大的魅力，易于使人产生可亲可爱之感，因而极大地促进了人际关系的发展，成为人际交往的成功者。

三、人际交往的技巧

（一）分清问题的主次，出现了问题要先解决，少一些抱怨和不满

大学生来自不同的省份，有着不同的家庭背景，在思想观念、价值观、生活方式和习惯等方面都存在着很大的不同，因此同学之间发生矛盾的可能性就会增大，抱怨也会变多。但是一味地抱怨别人、盯着别人的过失和缺点是不可能解决问题的，这不仅不能改善同学之间的人际关系，反而会减少自己积极改善关系的动力。大学生应该把时间花在如何积极解决问题和改善关系上，少一些抱怨和不满。

（二）及时调整心态，做好自我心理调适

大学生来自五湖四海，每个人的生活习惯和价值观不尽相同，既然有缘成为同学、成为舍友，共同生活在一起，就要理解彼此的生活方式和习惯。当别人的生活方式对你的生活有影响时，你可以提出自己的意见或建议，但更重要的是适当地进行自我调整。在给同学提意见或建议的时候，要讲究方法和技巧。自己要有一种良好的心态，保持正面的观点。绝大多数学生都不是故意要和同学发生矛盾冲突的。给别人提意见一定不能当着众人的面，以免使对方难堪、丢面子。在处理人际关系时，要学会尊重、宽容、忍让、关心，不以个人的好恶为评价标准，更不能把自己的标准强加于人，要更多地站在他人的角度换位思考。

（三）善于倾听，少些指责，多些赞美

与同学交谈时，要善于倾听，这是一种尊重他人的表现。尊重他们，无形中就会满足对方自尊心的需求，赢得对方的好感，加深彼此的感情。每个人都希望被人欣赏和赞美，害怕别人的指责。交往中不要总是批评、指责和抱怨别人，多给予对方真诚的欣赏和赞美；如果一定要批评人，也应先表扬后批评，或者巧妙地暗示对方注意自己的错误，只有这样才可以赢得友谊。善于请求同学、朋友的帮助，建立自己的社会支持系统，会使你的人际关系更为和谐。

（四）注意交往的“度”，把握好交往的方向、深度、广度

保持良好的人际关系，还要把握好方向、深度、广度等。大学生交友一定要有原则和标准，要做到心中有数，同时广度也应适当，自己一定要把握好。

【测一测】

大学生人际关系行为困扰诊断量表

这是一份大学生人际关系行为困扰诊断量表，请你根据自己的实际情况，用纸、笔记下答案“是”或“否”。本测试共 28 个小题，计分标准为：选择“是”得 1 分，选择“否”得 0 分。

(　　) 1. 关于自己的烦恼有口难开。
(　　) 2. 和陌生人见面感觉不自然。
(　　) 3. 过分地羡慕和忌妒别人。
(　　) 4. 与异性交往太少。
(　　) 5. 对连续不断的会谈感到困难。
(　　) 6. 在社交场合感到紧张。
(　　) 7. 时常伤害别人。
(　　) 8. 与异性来往感觉不自然。
(　　) 9. 与一大群朋友在一起，常感到孤寂或失落。
(　　) 10. 极易受窘和感觉尴尬。
(　　) 11. 与别人不能和睦相处。
(　　) 12. 不知道与异性如何适可而止。
(　　) 13. 不熟悉的人对自己倾诉他（她）的生平遭遇以求同情时，自己常感到不自在。
(　　) 14. 担心别人对自己有什么坏印象。
(　　) 15. 总是尽力使别人赏识自己。
(　　) 16. 暗自思慕异性。
(　　) 17. 时常避免表达自己的感受。
(　　) 18. 对自己的容貌缺乏信心。
(　　) 19. 讨厌某人或被某人所讨厌。
(　　) 20. 瞧不起异性。
(　　) 21. 不能专注地倾听。
(　　) 22. 自己的烦恼无人可倾诉。
(　　) 23. 受别人排斥，感到冷漠。
(　　) 24. 被异性瞧不起。
(　　) 25. 不能广泛地听取各种意见和看法。
(　　) 26. 自己常因受伤害而暗自伤心。
(　　) 27. 感觉常被别人谈论、愚弄。
(　　) 28. 与异性交往不知如何更好地相处。

查看结果：

如果你的总分在0~8分，那么说明你在与朋友相处上的困扰较少。你善于交谈，性格比较开朗、主动，懂得关心别人。你对周围的朋友都比较好，愿意和他们在一起，他们也都喜欢你，你们相处得不错。而且，你能从与朋友的相处中得到许多乐趣。你的生活是比较充实且丰富多彩的，你与异性朋友也相处得很好。总之，你不存在或较少存在交友方面的困扰，你善于与朋友相处，人缘很好，能获得许多人的好感与赞同。

如果你的总分在9~14分，那么说明你与朋友相处存在一定程度的困扰。你的人缘一般，换句话说，你和朋友的关系并不牢固，时好时坏，经常处在一种起伏之中。

如果你的总分在15~28分，那就表明你同朋友相处的行为困扰比较严重。分数超过20分，则表明你的人际关系行为困扰程度很严重，而且在心理上出现较为明显的障碍。你可能不善于交谈，也可能是一个性格孤僻的人，不开朗，或者有明显的自高自大、讨人厌的行为。

第十一章 禁　毒

大学生是祖国现代化建设的接班人，是现代科学知识的载体。他们带着金色的理想、学习成才的愿望走进大学校园，使大学殿堂充满昂扬向上的朝气，而一旦有人被“毒”污染，理想和理智的防线就会崩溃，轻者不思进取、想入非非，终日心神不定、精神萎靡不振；重者沉湎其中不能自拔，学业完全放弃，以至于在原始欲望的支配下坠入犯罪的深渊，成为社会发展的负面因子。

第一节　毒品的概念及其危害

一、毒品的概念

《刑法》第三百五十七条规定，毒品是指鸦片、海洛因、甲基苯丙胺（冰毒）、吗啡、大麻、可卡因以及国家规定管制的其他能够使人形成瘾癖的麻醉药品和精神药品。《麻醉药品和精神药品品种目录》中列明了121种麻醉药品和153种精神药品。毒品通常分为麻醉药品和精神药品两大类。其中最常见的主要是麻醉药品类中的大麻类、鸦片类和可卡因类。

从毒品的来源看，可分为天然毒品、半合成毒品和合成毒品三大类。天然毒品是直接从毒品原植物中提取的毒品，如鸦片。半合成毒品由天然毒品与化学物质合成而得，如海洛因。合成毒品是完全用有机合成的方法制造的，如冰毒，又被称为“新型毒品”和“俱乐部毒品”。合成毒品多以化学合成为主，会直接作用于人体中枢神经系统，兴奋、致幻或中枢抑制作用更强，也更易成瘾。

从毒品流行的时间顺序看，可分为传统毒品和新型毒品。传统毒品一般指鸦片、海洛因等阿片类流行较早的毒品；新型毒品是相对传统毒品而言的，主要指冰毒、摇头丸等人工化学合成的致幻剂、兴奋剂类毒品。

从毒品对人体中枢神经的作用看，可分为抑制剂、兴奋剂和致幻剂等。抑制剂能抑制中枢神经系统，具有镇静和放松作用，如鸦片类。兴奋剂能刺激中枢神经系统，使人产生兴奋，如苯丙胺类。致幻剂能使人产生幻觉，导致自我歪曲和思维分裂，如麦角酸二乙胺。

二、毒品的危害

因毒品而造成的悲剧每时每刻都在发生，更令人不安的是，毒品已将“魔爪”伸向了校园，特别是合成毒品的滥用及低龄化现象越来越明显。与传统毒品相比，合成毒品对人体的毒害更加隐蔽，由于合成毒品的使用没有明显的生理依赖性，短时间内可以给吸食者带来轻松、愉悦和迷幻感，并且合成毒品常与时尚、享乐、狂欢等符号联系在一起，因此对年轻人具有很强的迷惑性和欺骗性。

根据公安部发布的《2022 年中国毒情形势报告》显示，截至 2022 年底，我国现有吸毒人员 112.4 万名，同比下降 24.3%，占全国人口总数的 0.8‰；戒断 3 年未发现复吸人员 379 万名，同比上升 11.4%；新发现吸毒人员 7.1 万名，同比下降 41.7%。现有吸毒人数连续 5 年下降，戒断 3 年未发现复吸人数连续 10 年上升，毒品滥用治理成效持续显现。《2022 年中国毒情形势报告》表明，我国毒品滥用人数持续减少。现有吸毒人员中，滥用海洛因 41.6 万名、冰毒 58.8 万名、氯胺酮 3.2 万名，同比分别下降 25.2%、25.8%、14.7%。据各地开展城市污水中毒品成分监测结果显示，海洛因、冰毒、氯胺酮等 3 类滥用人数较多的常见毒品消费量普遍大幅下降。

面对毒品犯罪，我国一直坚持主动进攻战略，采取“打击供应”与“遏制需求”并重的策略来控制毒品蔓延。然而，警方的重拳打击，也遭到了这条黑色产业线上一些亡命之徒的剧烈反扑，制毒、服毒者的凶恶狡诈，已经远远超出了人们的想象，死亡的威胁无时无刻不在考验着公安民警打击犯罪分子的底气和决心，不少缉毒民警在执行抓捕毒犯任务的过程中，被毒犯开枪杀害，令人惋惜。毒品不再只是一个简单的法律问题或是经济问题，还是一个复杂的社会问题，与毒品的博弈，不能只靠政府部门的孤军奋战，还需要全社会的合力。

第二节 毒品类型及其辨识

一、传统毒品

（一）罂粟、鸦片

罂粟指催眠性果科的二年生草本植物，其成熟植株高约 1 米，花色艳丽，落花后约半个月果实成熟，呈球状，直径 3~7 厘米。鸦片即催眠性果科植物的凝结汁。

常见形态：新鲜的鸦片有弹性，有类似氨味，味苦，长时间放置的鸦片呈棕黑色的硬块。

（二）大麻

大麻是一年生植物，其叶和花都属于传统毒品的一种，使人成瘾成分为 THC（四氢大麻酚）。使用大麻会影响人的记忆力、注意力和学习能力，25 岁以下使用大麻会影响大脑的发育，而越频繁和持久地使用对脑部伤害越大。长期使用也会伤害肺脏，影响精神健康，会造成身体上的依赖或上瘾。

我国自 1985 年加入《1961 年麻醉品单一公约》（简称“61 公约”）和《1971 年精神药物公约》（简称“71 公约”），1989 年加入了《联合国禁止非法贩运麻醉药品和精神药物公约》（简称“88 公约”）。对包括大麻在内的管制药品的政策与国际通行做法一致，也早已通过立法的方式明确规定，大麻是毒品的一个种类。《刑法》第三百五十一条明确规定：非法种植罂粟、大麻等毒品原植物的，一律强制铲除。吸食大麻构成违法行为，严重者构成犯罪。吸食成瘾或被公安机关发现吸食、被群众举报吸食被公安机关查获的，经尿样检验为阳性的，送戒毒所实施强戒。

在世界范围内，虽然极个别国家的大麻已经所谓的“合法化”，但如果在这些国家登机回国前吸食了大麻或食用了含有大麻成分的食品，即使没有携带，下飞机时如被查出吸毒，等同于在国内吸毒，根据不同情况，适用《中华人民共和国治安管理处罚法》《戒毒条例》。如果携带、行李夹带大麻入境时被中国海关查获，无论数量多少，都属于“走私”行为，属刑事犯罪，将被追究刑事责任。

常见形态：烟卷状。

（三）吗啡、海洛因

吗啡是从鸦片中分离出来的主要的菲类生物碱。海洛因是以吗啡生物碱作为合成起点得到的合成毒品。海洛因的致死量为0.12~0.15克。

常见形态：灰白色粉末状或压成块状，有少许醋味。

（四）可卡因

可卡因是一种从古柯叶中提取出来的生物碱，是一种强效的中枢神经兴奋剂。

常见形态：无色晶体成白色结晶性粉末，味苦。

二、合成毒品

（一）冰毒

冰毒是甲基苯丙胺类化学品的指称，是目前市场上的主流毒品，极易上瘾，且尚无有效药物治疗成瘾。服用冰毒后，会严重伤害肝脏，同时吸食者会出现幻觉、无法呼吸、知觉丧失及昏迷的症状，严重的会导致呼吸衰竭和猝死。

常见形态：无色透明结晶体，形似冰。

主要方式为鼻吸或点火吸食烟雾。由于冰毒燃烧会挥发出刺鼻的气味，吸毒者通常会通过一个烟斗形式的玻璃壶或塑料瓶，利用水过滤部分气味，因此如果遇到有人让你通过此类装置尝试“吸一口，闻一下”，千万别尝试，这就是冰毒。

（二）摇头丸、麻古

（1）摇头丸。摇头丸是人工合成毒品的一种，一般指含有亚甲基二氧基甲基苯丙胺、亚甲二氧基苯丙胺、苯丙胺、甲基苯丙胺等成分的片剂和丸剂，服用后主要表现为活动过度、嗜舞、妄想、暴力倾向，故称为摇头丸。

常见形态：片剂，五颜六色，90%的摇头丸上都有不同的花纹图案。

（2）麻古。麻古为甲基苯丙胺的片剂，外观与摇头丸相似，又称麻谷、麻果，主要成分是甲基苯丙胺、咖啡因、乙基香兰素，具有兴奋和致幻双重作用。

常见形态：颜色以暗红色为主，闻起来有浓烈的香味。

（三）“神仙水”

“神仙水”的成分为γ-羟基丁酸，俗称“G水”，属于中枢神经抑制剂，它曾被用作全身麻醉剂，属于我国第一类精神药品，会令服用者失去意识甚至进入幻视、幻听状态。

常见形态：小瓶装液体。

三、新精神活性物质

（一）K 粉

K 粉是氯胺酮分离性麻醉剂的俗称，服用后遇快节奏音乐便会条件反射般强烈扭动，产生意识和感觉的分离状态，导致神经中毒反应和精神分裂症状。

常见形态：白色结晶粉末。

（二）“摇脚丸”（“邮票”）

“摇脚丸”成分多为麦角二乙胺（LSD），是一种强烈的半人工致幻剂，LSD 能造成使用者 6~12 小时的感官、感觉、记忆和自我意识的强烈化与变化。

常见形态：以黑色砂粒状小颗粒方式呈现或以吸水纸的形式出现，每片呈正方形，约 1 平方厘米，形似邮票，外形具有迷惑性。

（三）“浴盐”

“浴盐”的成分为甲卡西酮类化学物质，吸食会产生致幻作用，同时还伴有心动过速、血压升高等反应，严重的会导致大脑损伤。

常见形态：以“浴盐”“香草的天空”“除草剂”“光环”等名称伪装，多是粉末和片剂。

（四）“蓝精灵”

“蓝精灵”的成分为氟硝西泮，是国家规定管制的第二类精神药品，属于中枢精神抑制类药物，具有镇静、催眠、抗焦虑、抗惊厥等作用。当氟硝西泮和酒精混合使用时，会产生复杂的化学反应，使人神经兴奋，产生幻觉。

常见形态：蓝色片剂，能溶于水，泡在酒水或饮料中时，呈淡蓝色，微苦；吸食者如若含食，舌头会呈蓝色。

（五）“小树枝”“小金丝”

“小树枝”的成分多为合成大麻素类，毒性强于传统大麻数倍，会对人身心造成严重损害，长期吸食会导致心血管系统疾病及精神错乱，同时存在患癌的风险。

常见形态：“小树枝”是一种咖啡色树枝状的物体，“小金丝”则是一些亮闪闪的细线，被加入香烟中吸食。

第三节 常见毒品犯罪及其处罚

一、走私、贩卖、运输、制造毒品罪

《刑法》规定，走私、贩卖、运输、制造毒品，无论数量多少，都应当追究刑事责任，予以刑事处罚，且毒品的数量以查证属实的走私、贩卖、运输、制造、非法持有毒品的数量计算，不以纯度折算。走私、贩卖、运输、制造毒品的数量与法律后果：鸦片 1 千克以上、海洛因或者甲基苯丙胺 50 克以上或者其他毒品数量大的，处 15 年有期徒刑、无期徒刑或者死刑，并处没收财产。走私、贩卖、运输、制造鸦片 200 克以上不满 1 千克、海洛因或者甲基苯丙胺 10 克以上不满 50 克或者其他毒品数量较大的，处 7 年以上有期徒刑，并处罚金。走私、贩卖、运输、制造鸦片不满 200 克、海洛因或者甲基苯丙胺不满 10 克或者其他少量毒品的，处 3 年以下有期徒刑、拘役或者管制，并处罚金；情节严重的，处 3 年以上 7 年以下有期徒刑，并处罚金。

《全国部分法院审理毒品犯罪案件工作座谈会纪要》规定，制造毒品不仅包括非法用毒品原植物直接提炼和用化学方法加工、配制毒品的行为，也包括以改变毒品成分和效用为目的，用混合等物理方法加工、配制毒品的行为。分装毒品也是毒品制造的一个环节，司法实践中被认为也是制造毒品。

居间介绍者受贩毒者委托，为其介绍联络购毒者的，与贩毒者构成贩卖毒品罪的共同犯罪。此外，只要在运输中发现毒品，达到“数量较大”的标准，不论吸毒者还是不吸毒者，一般都以运输毒品罪论处。

二、非法持有毒品罪

非法持有毒品罪是指非法持有毒品的行为。非法持有鸦片 200 克以上、海洛因或者甲基苯丙胺 10 克以上或者其他毒品数量较大的，应当负刑事责任，最高可处 7 年以上有期徒刑或者无期徒刑。为他人代购仅用于吸食的毒品，毒品数量超过《刑法》规定的上述最低数量标准的，对托购者、代购者应以非法持有毒品罪定罪。收取“介绍费”“劳务费”，视为从中牟利，属于变相加价贩卖毒品，以贩卖毒品罪定罪处罚。

三、包庇毒品犯罪分子罪；窝藏、转移、隐瞒毒品、毒赃罪

为犯罪分子窝藏、转移、隐瞒毒品或者犯罪所得的财物的，处 3 年以下有期徒刑、拘役或者管制；情节严重的，处 3 年以上 10 年以下有期徒刑。被包庇的毒品犯罪分子如果依法应当判处 15 年有期徒刑以上刑罚的，包庇者即属“情节严重”。

四、引诱、教唆、欺骗他人吸毒罪

犯引诱、教唆、欺骗他人吸毒罪的，处 3 年以下有期徒刑、拘役或者管制，并处罚金；情节严重的，处 3 年以上 7 年以下有期徒刑，并处罚金。强迫他人吸食、注射毒品的，处 3 年以上 10 年以下有期徒刑，并处罚金。引诱、教唆、欺骗未成年人吸食、注射毒品的，从重处罚。此外，根据司法实践，在食品中掺入罂粟壳的，以欺骗他人吸毒罪处理。

第四节 大学生如何抵御毒品侵害

目前对于毒品成瘾尚无有效治疗方法，因此每个大学生都应提高警惕，加强自我保护，免遭毒品侵袭。

一、牢固树立法制观念

吸食、注射毒品或欺骗、容留、强迫他人吸食、注射毒品的活动都是毒品违法犯罪活动。因此，大学生要时刻清醒地认识到自己行为的合法性与非法性，这是远离毒品的关键一道防线。要牢记“沾毒违法，违法必究”，凡是法律法规明令禁止的行为，坚决做到不沾不染，不要放任自流，不要以身试毒，否则必然要付出惨痛代价。不要有侥幸心理，绝不要有“第一次”，自觉地将毒品拒之门外。

二、慎交朋友，不信谎言

不结交有吸毒、贩毒行为的朋友，遇有同学、朋友吸毒，一要劝诫，二要回避，三要举报。不在吸毒场所停留，不做被动吸毒者。不听信毒品能治病的谎言，因为吸毒毒害身体，根本不可能治病。不听信吸毒是“高级享受”的谎言，“吸毒一口，痛苦一生”。不接受吸毒人的香烟或饮料，因为他们可能会诱骗你吸毒。一定不要相信“吸一口不上瘾”的谎言，任何毒品都会让人上瘾，这一点要切记，坚决拒绝同伴吸毒的邀请。90%以上的人第一次吸毒都是受朋友“邀请”。为了解决毒资，很多吸毒者会采取各种手段引诱他人吸毒，接到这样的邀请时要保持警觉，借故离开，并考虑终止朋友关系。

三、培养健康向上的生活方式

吸食毒品如玩火，酿成恶果追悔莫及，不要盲目追求感官刺激，许多人就是因为空虚，追求刺激而走上吸毒道路的。不要因为遇到不顺心的事而以吸毒消愁解闷，要勇敢面对考研失败、失恋等人生挫折，要培养广泛的兴趣爱好，避免孤独的生活方式。

四、如何远离毒品

（一）树立正确的人生观

从自我做起，从洁身自好开始。珍爱生命，拒绝毒品。

（二）远离易染毒场所

青少年涉足酒吧、歌舞厅、迪厅、游戏厅等娱乐场所，最容易成为毒贩引诱吸毒的目标。严格遵守日常行为规范，不吸烟、不饮酒，不去舞厅、酒吧、游戏厅等娱乐场所，远离易出现涉毒的环境。

（三）不盲目追赶“时髦”

毒贩们鼓吹“吸毒时髦，是有钱人的标志”这样极其荒唐的错误观念，而青少年关注潮流、追崇时尚，往往会被这种错误观念所左右。大学生要分清是非对错，重视培养自身良好的行为习惯，不要盲从。

（四）态度坚决，绝不尝试第一次

毒品是典型的一口误终生。大学生不要因为好奇而尝试接触毒品，要清醒地认识到涉毒的严重后果，时刻提高警惕。

知识链接

当前还有这些新型毒品：

咔哇潮饮：其实际成分是γ-羟基丁酸，是我国规定管制的第一类精神药品。滥用γ-羟基丁酸会造成暂时性记忆丧失、恶心、呕吐、头痛、反射作用丧失，严重的会导致失去意识、昏迷及死亡。

花瓣味果汁：主要成分是γ-羟基丁酸，γ-羟基丁酸只需要几滴，就能在几秒钟内使人产生昏睡效果，并且醒来后会对昏迷过程失去记忆。

毒品“可乐”：由冰毒、摇头丸、氯胺酮等毒品混合而成。外包装跟普通可乐没区别，但吸食微量就会致人产生幻觉，引起发狂症状。

“彩虹烟”“迷幻蘑菇”“奶茶包”“跳跳糖”“大麻饼干”等，这些新型毒品被包装成潮流产物，无色无味，混杂在饮料、食品中，伪装性强，被伪装后在KTV、酒吧、夜店等休闲娱乐场所贩卖。不法分子利用青少年好奇和喜欢尝试的心理，吸引自制力较差的青少年聚众吸食，使得受害者在无意中成为毒品的“忠诚客户”。

毒品可能就在身边，你我都要保持警惕。除了毒饮料、毒饼干外，还有涉毒的“聪明药”“减肥药”“运动饮料”“笑气”等新型毒品。

毒品形态千变万化，伤害性很大，迷惑性极强，切勿随便接受陌生人的烟、酒、饮料、零食等。

参考文献

[1] 习近平.决胜全面建成小康社会夺取新时代中国特色社会主义伟大胜利:在中国共产党第十九次全国代表大会上的报告[M].北京:人民出版社,2017.
[2] 中共中央党史和文献研究院.习近平关于总体国家安全观论述摘编[M].北京:中央文献出版社,2018.
[3] 习近平.高举中国特色社会主义伟大旗帜 为全面建设社会主义现代化国家而团结奋斗:在中国共产党第二十次全国代表大会上的报告[R].北京:中共中央,2022
[4] 法律出版社法规中心.新编中华人民共和国法律法规全书[M].北京:法律出版社,2018.
[5] 田远芬,任重.大学生安全常识[M].武汉:华中师范大学出版社,2018
[6] 赵作斌.防诈骗手册[M].武汉:华中科技大学出版社,2021.
[7] 王焕斌.大学生安全教育[M].上海:上海交通大学出版社,2018.
[8] 胡志东.森林防火[M].北京:中国林业出版社,2003.
[9] 熊楚国.大学生安全教育[M].北京:航空工艺出版社,2017.
[10] 甄学宁,李小川.森林消防理论与技术[M].北京:中国林业出版社,2010.
[11] 马先进,李崇银.大学生安全教育[M].长沙:国防科技大学出版社,2018.
[12] 李凡路,栗斌,潘彤光.大学生安全教育[M].北京:国防大学出版社,2015.
[13] 李峥嵘.大学生安全教育[M].北京:教育科学出版社,2014.
[14] 唐娣芬,王争辉,李晓林.大学生安全教育[M].北京:国防科技大学出版社,2013.